RÉVEILLEZ VOTRE LION

Giuseppe Conti

Illustrations unsplash.com

Janvier 2020

Je dédie ce livre à toutes les personnes qui s'efforcent, au quotidien pour s'améliorer et devenir une meilleure version d'elles-mêmes pour atteindre leurs rêves.

Continuez, persévérez et ne lâchez rien.

Vous êtes aux portes de la réussite.

« *Le lion se moque de ce que pense le mouton* »

Game of Thrones

SOMMAIRE

Remerciements

En écrivant ce livre, je ne peux m'empêcher de penser aux personnes qui m'ont soutenu tout au long de cet excitant voyage. Les mots ne sont pas assez puissants pour exprimer ma reconnaissance à tous ceux et celles qui ont contribué directement et indirectement à la réalisation de ce livre palpitant qui me tient tant à cœur.

Merci tout d'abord, à mon fils Leandro qui, du haut de ses trois ans, me procure une joie énorme et un sourire constant. Depuis son arrivée dans ma vie, ma vision a été complètement modifiée. J'ai gagné en maturité, en sagesse et en philosophie. Le jour où tu liras ses lignes, sache que je suis un papa comblé et fier d'avoir un enfant aussi doux, gentil et intelligent que toi. Papa t'aime très fort mon Fino.

Je remercie également ma future femme Amandine, que j'aime profondément et qui m'a permis d'atteindre des niveaux d'épanouissement, de paix et de sérénité jamais connus auparavant. Elle a su provoquer en moi un déclic profond, notamment en me véhiculant la valeur d'être soi-même et de communiquer dans tout type de circonstance. Nous avons établi le triangle de la joie dans la vie sentimentale qui est axé sur la transparence, la communication et la confiance ce qui nous permet de faire face à tout type de situation.

Merci également à mes parents pour leur éducation, pour avoir planté en moi la graine du respect d'autrui, de la gentillesse et pour m'avoir poussé à faire des études. Ils sont à l'origine de ma façon de voir les choses. Sans tous leurs efforts et leur déracinement de mon pays natal, l'Italie, dans les années 1990, je ne serai pas en train d'écrire cet ouvrage. Merci maman de m'avoir appris à aller toujours plus haut et toujours plus loin. Merci de m'avoir enseigné à donner toujours le meilleur de moi-même à chaque action et chaque instant de ma vie.

Je tiens également à remercier les membres de ma famille qui, de près ou de loin, ont contribué au façonnage de ma mentalité et ma philosophie de vie.

Je remercie profondément mes amis pour leur fraternité et leur soutien exprimé tout au long de ce projet et en particulier Fred et Julien.

Un grand merci également à Delphine, présidente fort sympathique de l'association Delfina, investie dans la construction d'école à Madagascar et son soutien au Sénégal.

Pour finir, un grand MERCI à la Vie d'avoir mis sur mon chemin toutes ces personnes formidables qui contribuent au jour le jour à mon avancée et mon développement personnel et plus particulièrement à vous qui tenez ce livre entre vos mains. Vous êtes un être exceptionnel.

Introduction

Pourquoi ce livre ?

La principale raison pour laquelle j'écris ce livre est la volonté profonde d'aider le maximum de personnes à trouver leur chemin. Nous sommes tous arrivés sur la scène de l'adulte avec un bagage inculqué par nos parents, par le système scolaire, nos amis ainsi que notre environnement. Heureusement, de plus en plus d'individus connaissent le « déclic » qui va transformer leur vie et qui va leur apporter enthousiasme, joie et amour, notamment via leur éveil spirituel. Si vous lisez ces lignes, cela signifie que vous avez conscience que certains aspects de votre vie méritent d'être améliorés, voire restructurés profondément. Nous avons tous la même origine. Notre histoire démarre en tant que spermatozoïde dans une course folle, effrénée où tout le monde se bouscule pour atteindre le graal et pouvoir se reproduire. Même si à cette étape, nous ne sommes que partie intégrante d'un simple mélange de liquide visqueux, je tenais à vous féliciter pour cette première victoire de la vie car vous avez été le plus rapide et le plus performant dans la course à l'ovule. Vous êtes né en tant que gagnant, BRAVO! Vous avez fait preuve de détermination et de ténacité. Une fois installé dans notre ovule, la nature a fait son devoir en décuplant les cellules, en formant nos organes, notre cœur, notre cerveau et toutes les parties nécessaires au bon fonctionnement de notre corps humain. Nous avons été créés pour grandir et se développer continuellement durant cette magnifique expérience qu'est la vie. Avec notre création, nous avons tous hérité d'un pouvoir qui nous permet de vivre la vie que nous souhaitons, la vie que nous méritons et celle pour laquelle nous sommes venus sur Terre. Dès la naissance, nous avons cette capacité de gagner, de réussir et de s'épanouir. Malheureusement, la société développée dans laquelle nous vivons enfouit souvent notre vraie nature et notre réel potentiel. Ce qu'il faut savoir c'est qu'à l'intérieur de nous, siège l'âme d'un lion somnolant qui a été endormi par différentes variables que nous verrons tout au long de ce livre. Cette partie de nous ne demande qu'à être réveillée, à se libérer de nos peurs et de nos croyances limitantes. Elle souhaite apprendre les moyens nécessaires pour s'offrir une nouvelle vie, une vie en adéquation avec son MOI profond, pleine d'enthousiasme, de bonheur et d'amour. Tout au long de la lecture, vous apprendrez, grâce à une prise de conscience progressive, à vous débarrasser des freins qui obstruent les canaux de la liberté et de l'épanouissement personnel afin de pouvoir libérer cette force profonde enfouie héritée lors notre naissance mais qui a souvent connu un étouffement qui ne lui permet pas de s'exprimer. Nous sommes tous conscients de détenir ce pouvoir extraordinaire au plus profond de nous depuis toujours mais aucune notice d'utilisation ne nous a été fournie. Le but de cet ouvrage est de donner les principaux outils pour connaître une vie meilleure en faisant un état des lieux de sa situation, de pouvoir créer une vie sur-mesure que nous avons délibérément choisie, et non pas que nous avons subi. A partir du moment où vous aurez pris conscience de votre pouvoir, vous deviendrez le maître de votre vie, le capitaine de votre destinée et vous aurez la capacité de transformer chaque aspect de votre existence qui vous déplaît, en plaisir profond.

Pour qui ?

Cet ouvrage n'a pas de lecteur précis. Il a été écrit à destination de toute personne qui souhaite améliorer son quotidien. Que vous soyez un adolescent à la recherche d'une transformation, un adulte en pleine remise en question ou une personne âgée qui souhaite tout simplement prendre un nouveau virage, ce livre est fait pour vous. Je pars du principe que quiconque a besoin d'un coup de pouce pour atteindre des niveaux de satisfaction plus élevés et prendre conscience du pouvoir qui nous abrite afin de pouvoir expérimenter au mieux cette aventure de la vie.

Le fil conducteur de ce livre

Tout au long des chapitres qui vont suivre, j'utiliserai des métaphores pour mieux illustrer mes propos. L'image principale que j'emploierai et celle du lion se rendant compte d'être emprisonné dans une cage et qui va connaître une libération totale. Vous êtes conscients de vos capacités, de votre force et de votre intelligence, mais vous êtes enfermés entre ces barreaux qui vous empêchent de vivre la vie que vous souhaitez réellement. Vous avez l'impression de stagner, d'avoir moins d'excitation ou encore d'avoir atteint le « plafond de verre » qui bloque votre évolution. Ce plafond peut concerner votre vie personnelle, professionnelle, financière ou tout autre secteur. Si vous ressentez un certain blocage, sachez que c'est un processus tout à fait normal, qui demande une modification mentale, une persévérance et une foi en soi sans faille. Au début du livre, le lion qui sommeille en vous, se trouve dans une cage, entouré de plusieurs barreaux que nous éliminerons pas à pas. A la fin de chaque chapitre clé, je vous inviterai à découper l'image qui s'y trouve et de la conserver précieusement jusqu'à la fin de la lecture. Oui, vous avez bien lu, il faudra découper chaque page illustrée par un logo de ciseau et déposer cette image dans un endroit où vous avez l'habitude de passer régulièrement. Si vous avez opté pour la version numérique, je vous conseille d'imprimer les pages concernées. Vous pouvez les positionner sur votre réfrigérateur, votre table de nuit ou encore sur votre bureau. Le simple fait de voir chaque élément de manière répétitive activera le processus de la répétition espacée dans votre cerveau. Cette technique de mémorisation, appelée en anglais SRS, de « Spaced Repetition System », s'appuie sur l'apprentissage par la répétitivité. De nombreuses entreprises ont recours à cette méthode pour ancrer une marque ou un produit dans l'esprit de ses consommateurs. Vous en voulez la preuve ? Si je vous demande de citer un nom d'entreprise qui s'occupe de réparer ou de changer votre pare-brise, quelle marque me citeriez-vous ?

La réponse est une évidence car sa technique de communication est centrée sur ce qu'on appelle « la méthode du matraquage ». Ainsi, plus votre cerveau verra et entendra un élément et plus il le gravera dans la mémoire.

Ce système est applicable pour les enseignements que vous tirerez de ce livre mais également dans votre quotidien. Pour muscler votre mémoire, optez pour la répétition espacée.

Passons à présent au vif du sujet. Afin de réussir votre transformation et vous libérer des chaînes qui bloquent votre plein épanouissement, il va falloir suivre et appliquer à la lettre les étapes décrites dans cet ouvrage. En plus des fiches à découper, je vous conseille fortement de le lire plusieurs fois et de vous concentrer pour les appliquer quotidiennement. En effet, lors d'une lecture, notre système de mémorisation retient 10% de ce qui est lu. De ce fait, réitérez l'expérience trois fois afin d'ancrer de manière profonde les conseils que vous découvrirez. La première lecture sera consacrée à la découverte des idées principales. La deuxième, quant à elle, sera utile pour comprendre les détails et comprendre intensément le sens de chaque chapitre et terminez par un troisième passage qui vous permettra de prendre des notes et de graver de manière définitive les informations qui vous auraient échappées lors des deux premières lectures. Il vaut mieux lire plusieurs fois un même livre afin de le maîtriser, plutôt que de se lancer corps et âme dans la lecture de plusieurs ouvrages de manière superficielle.

Vous êtes certainement entrain de vous dire que vous ne le ferez pas mais je vous promets que c'est un des secrets de l'ancrage et du changement.

L'autre aspect à prendre en considération tourne autour de notre état émotionnel et physique lors de l'ouverture d'un livre. Les études menées en neuroscience ont démontré que le cerveau retient davantage d'informations lorsqu'il se sent heureux et détendu. Privilégiez donc une lecture dans un endroit calme, en vous assurant que personne ne viendra interrompre votre lecture et briser votre concentration.

Avant l'ouverture d'un livre, tout lecteur devrait procéder à ce que j'appelle la « mise en bulle » qui consiste à se détendre et à entrer dans une phase de bonheur et de joie en se remémorant les plus beaux moments de son existence.

Dans cet état, l'esprit est exempt de toute négativité, se révélant ainsi plus apte à enregistrer des informations.

Pourquoi le lion ?

Dans les civilisations antiques, cet animal représentait le gardien des temples. Tout au long de l'histoire, il a toujours été le symbole de la force, de l'énergie et de la vitalité. Sur le plan spirituel, le lion est associé au soleil, à la régénération, au renouvellement et à la résurrection. Il symbolise également le pouvoir ainsi que l'intelligence. Considéré comme le roi de la jungle, il est l'un des animaux les plus puissants, courageux et majestueux de la planète. Dans de nombreuses cultures de l'Antiquité, cet animal jouait un rôle symbolique notable. A l'époque des Pharaons d'Egypte, ces derniers furent représentés par des sphinx, lions à la tête humaine. La représentation la plus connue est celle du Grand Sphinx de Gizeh. Sekhmet fut vénérée en tant que déesse au corps humain et à la tête de lionne, envoyée par Rê contre les Égyptiens qui complotaient contre lui. Quant à la mythologie grecque, les lions jouaient un rôle différent. Le lion de Némée par exemple, était représenté comme un animal mangeur d'hommes à la peau impénétrable qui fut tué par Héraclès. Dans les religions judéo-chrétiennes, le lion est un animal qui détient plusieurs significations, représenté à travers les images positives de Saint Jérôme et de son lion ainsi que par le tétramorphe (lion de Saint Marc). Ainsi, le lion revient très souvent dans les églises catholiques car il représente la force du croyant combattant le péché, et dans les objets avec des bracelets en patte de lion, un siège épiscopal sculpté à l'effigie du lion ou encore sur le socle des chandeliers et des portails d'église.

Comment le lire ?

Cet ouvrage ne présente pas de sens de lecture. Il peut se lire du début à la fin ou encore en faisant une impasse sur plusieurs chapitres séparément. Je recommande de lire dans un endroit calme, à une vitesse lente afin de bien imprégner son subconscient des outils proposés. En effet, il est préférable d'opter pour une avancée en lecture modérée mais profonde, plutôt qu'une lecture accélérée qui sera moins propice à l'enregistrement par votre cerveau comme cité auparavant.

Préconisations

Pendant votre lecture, vous rencontrerez des exercices à réaliser. Je tiens à souligner l'importance cruciale de les effectuer sérieusement afin de connaître un impact puissant dans votre mental. Pendant ces étapes, arrêtez votre lecture, prenez du recul, réfléchissez, apprenez à vous découvrir et à écouter vos ressentis puis, couchez sur papier vos réponses. Une seule règle : NE PAS SE MENTIR. Je conçois que certains exercices viendront éveiller des moments délicats de votre passé mais soyez sincère avec vous-même et écrivez vos ressentis REELS. Dans le cas contraire, les exercices n'auront qu'un faible impact et vous continuerez à mener la vie actuelle, sans réel changement. Considérez cette lecture comme étant une opportunité unique de vous retrouver. Lors de mes premières lectures d'ouvrages de développement personnel, chaque page qui contenait un exercice à réaliser m'ennuyait terriblement jusqu'au jour où j'ai décidé de les appliquer et c'est à partir de ce moment, que les choses ont commencé à changer.

A la fin de chaque chapitre, vous trouverez un « Super Mantra » à lire à haute voix. L'ensemble des mantras présents dans cet ouvrage vous permettra d'entamer « une cure » de 10 jours.

Tous les matins à votre réveil ou le soir au coucher, concentrez-vous à lire à haute voix chaque phrase. Ces répétitions agiront comme des agents charger de dépolluer votre mental. Prenez-vous au jeu, vous remarquerez très rapidement des changements positifs.

Si vous lisez la version numérique, vous pouvez imprimer les mantras qui sont signalés par un logo « imprimante ».

Ceci est VOTRE livre et VOTRE vie. À vous de décider si vous voulez continuer à la SUBIR ou à la VIVRE pleinement.

Nous sommes tous des lions ; soit sauvage, soit en cage. A nous de choisir la captivité ou la liberté »

Giuseppe Conti

Chapitre 0
Quel type de lion êtes-vous ?

Pourquoi chapitre 0 ? Tout simplement parce que ce chiffre représente ce qui n'est pas, ce qui n'existe pas encore mais également le début des choses, le commencement. Quand on démarre dans la vie, on commence de zéro. Lors de la naissance, nous avons 0 an. Ce chiffre détient une symbolique importante dans ce livre parce qu'il est synonyme de début, d'un nouveau chemin et d'une nouvelle destinée que vous vous apprêtez à entamer.

Ce chapitre a comme vocation de répondre à la question « Qui suis-je ? ». Avant d'entamer la grande transformation, il est fortement recommandé de faire un état des lieux de notre personnalité et de notre personne. Bien entendu, cette question fait l'objet de plusieurs séances de coaching avec un travail en profondeur et de longue haleine, mais je vous propose un exercice synthétique qui vous permettra de découvrir qui vous êtes maintenant mais également de vous comparer en fin de livre, dans le but de constater le changement profond qui aura opéré en vous. Dans la plupart des cas, lorsque l'on vous pose la question « qui es-tu ? », nous répondons automatiquement par notre nom et prénom. En prenant du recul et un point de vue spirituel, cette question recèle un sens plus profond. En effet, votre identité vous a été donnée par vos parents et celle-ci ne représente pas qui vous êtes vraiment. Vous auriez très bien pu avoir un prénom et un nom différent mais votre Etre aurait été le même. Dans ce chapitre, nous allons donc apprendre à découvrir l'humain que vous êtes vraiment et une réponse se dessinera à la fin du chapitre.

N.B.1 : Le terme lion utilisé tout au long des paragraphes que vous lirez définit le mâle mais également la femelle. À des fins de simplification et de fluidité de lecture, j'utiliserai uniquement le nom masculin pour désigner la gent masculine et féminine.

N.B.2 : Lors des exercices, si vous avez opté pour le livre numérique, écrivez les réponses sur une feuille ou sur votre smartphone.

A. <u>La (mé) connaissance de soi</u>

« Connais-toi toi-même » disait Socrate. Nous avons tous fait face à un moment de notre vie à cette maxime, sans vraiment y prêter attention. Quel est votre niveau de connaissance vous concernant ? Pour quelle raison est-il si important de savoir qui l'on est réellement ?

Lorsqu'une personne ignore qui elle est, elle subit sa vie car elle ne sait pas distinguer les choses qui lui sont bénéfiques ou néfastes. Si l'on ignore notre « moi », il devient très compliqué dans les moments difficiles d'y voir clair, de surmonter ses craintes, de comprendre ses besoins ou encore de reconnaître ses limites. Nous pouvons parler d'alignement avec soi-même.

Sauf cas exceptionnel, personne ne nous a appris à délimiter qui nous sommes et à vivre en accord avec soi-même. A mes 22 ans, j'ai fait face à une situation que beaucoup d'entre nous connaisse. Le choix de l'orientation. A ce moment précis, je souhaitais exercer de tout cœur le métier de

Stewart (hôtesse de l'air pour les femmes) mais ma mère m'en dissuadait avec des arguments comme « si tu fais ce métier, tu ne pourras pas avoir de vie de famille stable », « tu ne peux pas faire cela, c'est un métier très dangereux ! », ce qui fonctionnait. Je décidais alors, d'opter pour un métier qui lui aurait plu et lui parlait de professeur d'italien mais, n'étant pas d'accord, elle me raisonnait en avançant un argumentaire du type « ce n'est pas un métier d'avenir, cette voix est complètement bouchée, tu ne trouveras pas de travail ».

Décidé à trouver mon(?) orientation, je réfléchissais à une profession qui aurait plu à ma mère et moi-même. En pleine hésitation, ma mère m'insufflait l'idée de devenir infirmier à maintes reprises, en arguant que c'était un métier génial, plein d'avenir et qui m'aurait plu. En creusant son idéologie, je m'aperçus que cette proposition venait en réalité d'un rêve d'enfance qu'elle voulait voir se réaliser, de manière inconsciente, auprès de ses enfants.

Partie à l'âge de 17ans en Italie par amour, elle dût arrêter ses études et entamer la vie d'adulte et de maman. La majorité de ses copines d'époque devinrent infirmières et occupaient ce qu'on appelle dans nos sociétés « une bonne place ».

Etant à l'opposé de mes désirs profonds, je décidais de ne pas suivre ses conseils et me dirigeait vers une faculté de droit, choisie par défaut et proche du domicile qui échoua lamentablement car, en inadéquation avec la personne que j'étais vraiment. Je suis convaincu que nombre de personnes ont suivi une voie professionnelle insufflée par leur entourage ou par des centres d'orientation peu compétents, ce qui aboutit à des vies professionnelles en décalage avec leur personnalité et des frustrations pendant des années, voire des décennies. Ce type de situation donne naissance à ce qu'on appelle, le malaise au travail et l'impression de ne pas être à sa place. Malheureusement, les individus dans ce cas, s'en rendent compte une fois avoir contracté des crédits, fondé une famille et endossé des responsabilités qui créent des craintes et deviennent un frein au changement. En effet, la « peur » de ne plus pouvoir assouvir les besoins primaires de sa famille, tétanise la personne et l'aspire dans une routine qu'elle doit subir.

C'est ce que nous appelons « la Rat race » (ou course du rat). Ce phénomène engendre des situations critiques comme le burn-out, la dépression ou, lorsque la pression devient absolue, des suicides. Le changement de vie est possible, il suffit d'être convaincu qu'il existe quelque part, un endroit, une entreprise ou des personnes en adéquation complète avec nos valeurs et notre personne.

Se connaître est la base sur laquelle la vie d'une personne repose. Pourquoi certaines personnes, n'ont pas confiance en elles ? Pourquoi certains ont peur de ne pas réussir ou sont confus ? Tout simplement parce que avoir confiance en soi et en ses capacités passe par connaître les ressources, les besoins et les envies qui nous gouvernent. Mal se connaître induit à une ignorance de ses limites, à se sous-estimer ou, dans le cas opposé, à se surestimer.

Occulter cette étape de la connaissance de Soi peut amener à deux situations destructrices. Dans le premier cas, la personne qui n'a pas appris à se connaître, fera face à une impossibilité de déployer son identité et aura tendance à subir sa vie, en vivant à travers les décisions de son entourage ; dans le deuxième cas, la personne manifestera une confiance en soi excessive, sans véritablement se connaître, l'amenant tôt ou tard à connaître une chute vertigineuse, ce qu'on appelle communément « tomber de haut » ou encore « le masque est tombé ». Se connaître profondément se traduit par une maîtrise totale de ses points forts et la reconnaissance de ses points faibles. Face à tout type de situation, la personne qui se connaît agit en actionnant ses forces et en limitant l'impact de ses faiblesses ; tout en tirant des leçons pour s'améliorer. Plus votre travail est axé sur la connaissance du Soi, plus vous connaîtrez la clarté qui éliminera les pensées négatives et vous permettra de surmonter vos peurs. Afin de vous permettre une meilleure compréhension de qui vous êtes réellement, il convient de définir...

B. <u>Vos traits de caractère (selon vous)</u>

Entourez une proposition parmi les traits de caractères suivants

Selon moi je suis :

1. Dynamique ou nonchalant

2. Sympathique ou antipathique

3. Enthousiaste ou indifférent

4. Impulsif ou réfléchi

5. Organisé ou désorganisé

6. Heureux ou malheureux

7. Travailleur ou fainéant

8. Mal dans ma peau ou bien dans ma peau

9. Calme ou stressé

10. Positif ou négatif

11. Egoïste ou altruiste

12. Avare ou généreux

13. Ouvert d'esprit ou fermé d'esprit

14. Patient ou impatient

15. D'humeur stable ou lunatique

16. Heureux pour les autres ou envieux des autres

La partie ci-dessous doit-être complétée par une personne de votre entourage qui vous connaît très bien. Posez-lui les questions suivantes et jugez par vous-même si votre point de vue coïncide avec le point de vue externe.

Selon mon entourage je suis :

1. Dynamique ou nonchalant

2. Sympathique ou antipathique

3. Enthousiaste ou indifférent

4. Impulsif ou réfléchi

5. Organisé ou désorganisé

6. Heureux ou malheureux

7. Travailleur ou fainéant

8. Mal dans ma peau ou bien dans ma peau

9. Calme ou stressé

10. Positif ou négatif

11. Egoïste ou altruiste

12. Avare ou généreux

13. Ouvert d'esprit ou fermé d'esprit

14. Patient ou impatient

15. D'humeur stable ou lunatique

16. Heureux pour les autres ou envieux des autres

<u>Mon état des lieux général</u>

Est-ce que je me sens réellement moi-même ?

Oui - Non

Est-ce que je ressens une incohérence avec ce que les autres pensent de moi et ce que je ressens?

Oui - Non

Est-ce que je fais semblant d'être moi-même ? Ai-je le sentiment de porter « un masque » ?

Oui - Non

Est- ce que je fais les choses parce que j'en ai réellement envie ou pour faire plaisir aux autres ?

J'en ai envie - Je fais souvent pour les autres

En résumé, aujourd'hui, je suis formidable car :

(efforcez-vous de terminer le paragraphe)

....

....

....

Les axes que je dois améliorer sont :

(efforcez-vous de terminer le paragraphe)

....

....

....

Une fois ces exercices terminés, tentons à présent d'apporter une réponse encore plus profonde afin de trouver la réponse à cette question existentielle du « qui suis-je ? » et déterminer notre mission de vie. Dès l'adolescence, je commençais à soulever cette interrogation. A l'âge de quinze ans, j'occupais un poste de saisonnier dans l'entreprise de mon père spécialisée dans les volets roulants à la frontière allemande dans laquelle plusieurs personnes de ma famille y travaillaient. De temps à autre, il m'arrivait de rentrer avec ma tante Thérèse et d'échanger sur des sujets divers. Un beau jour, lors d'une discussion, l'un de ses propos me frappa au plus profond de moi avec une phrase type « Il est temps que tu te forges ta propre personnalité ! Quand tu parles, tu me fais penser à ton père ! Mêmes phrases, mêmes gestes et même façon de penser ! ». Elle me scotcha littéralement sur le siège et la regardant, je ne pus rétorquer à son argumentaire. A partir de ce moment, je suis parti à la quête de cette réponse existentielle pendant plus de dix ans, sans réellement trouver une réponse convenable. Déterminé à satisfaire cette soif, je m'orientais à l'âge de 29 ans vers un coach spécialisé, qui me permit de prendre les commandes de mon bateau et de mettre une réponse sur cette interrogation. Pour aller encore plus loin dans la connaissance de soi et de notre mission de vie, il est indispensable de passer par plusieurs étapes:

Etape 1 : passer des tests de personnalité. Je conseille en général le « MBTI » qui se veut complet. (disponible à l'adresse suivante https://www.16personalities.com/fr)

Etape 2 : Posez-vous la question suivante : « Quelles sont mes valeurs profondes ? » Prenez une feuille blanche et sans réfléchir, répondez à cette question instinctivement.

Etape 3 : Quelle est votre principale passion ? Quelle était votre activité préférée étant enfant ? Quel métier vouliez-vous exercer ? Cela vous fera certainement sourire mais votre passion se trouve dans l'âme d'enfant qui vous habite. Lors de mon enfance, j'aspirais à devenir pompier et mes yeux brillaient à chaque fois que je voyais un de ces camions gigantesques passer devant mon immeuble. Je ne suis pas devenu pompier, mais le point commun avec le domaine dans lequel j'évolue est l'envie et le besoin d'aider les autres et à venir à leur secours. Le naturel revient toujours au galop.

Etape 4 : Et si l'argent n'avait aucune valeur et n'existait pas ? Quel métier voudriez-vous exercer ? Quelle vie mèneriez-vous ?

Etape 5 : Poser la question suivante à votre entourage « Si tu devais me décrire, tu dirais quoi de moi ? »

Répondre à cette question demande un laps de temps plutôt long. L'une des variables pour y parvenir doit être la curiosité quotidienne. Lors de chaque expérience, analysez vos ressentis, ce qui vous a fait vibrer, ce qui vous a passionné. C'est ainsi que vous commencerez à dessiner le portrait de votre Etre profond et à connaître qui vous êtes vraiment et non la personne que l'on vous a appris à être. Nous avons tous une mission bien définie à accomplir sur Terre et pour la trouver, nous devons passer par la case « connaissance de soi » ce qui permettra d'être pleinement soi-même et d'expérimenter une vie en adéquation avec les valeurs de notre « Moi » véritable. Une fois ce chapitre terminé, vous devriez vous rapprocher de la réponse à la question « qui suis-je ? » ainsi que « quelle est ma mission de vie ? ». A présent, il est temps de passer au prochain chapitre pour se rapprocher du bonheur, la recherche de l'estime de soi.

CHAPITRE 0
Qui suis-je ?

SUPER MANTRA

Jour1

(À répéter à haute voix et avec conviction)

« Peu importe mon passé, mon histoire et mon éducation, je suis prêt à me libérer de toutes les croyances limitantes que j'ai pu connaitre durant toutes ces années.

Je suis persuadé que ce livre représente le début d'une nouvelle existence, MON existence, ce qui me permettra de découvrir ma mission de vie au quotidien, de manière progressive et en fonction de mes envies, mes besoins et de mon Etre profond. »

Chapitre I

Votre cage actuelle

Maintenant que vous avez cerné les principales caractéristiques de votre « Moi », il faut découvrir les éléments qui vous bloquent pour vous délivrer de vos chaînes psychologiques et scier les barreaux pour vous sentir (plus) libre.

Nous avons, comme la plupart des personnes évoluant sur les continents développés, la tête dans le guidon, aspirés dans notre train de vie quotidien. Cinq jour sur sept, nous faisons face à la même rengaine ; réveil (difficile ?), préparation pour se rendre au travail (en passant éventuellement par la case enfant), travail, sortie ou loisirs (pour les plus chanceux), maison, popote et dodo. Rebelote pendant cinq jours, et cela, quarante-sept semaines dans l'année pendant plus de quarante ans. Mais êtes-vous épanouis ? Subissez-vous votre vie ? Vous êtes-vous posés la question « comment puis-je être plus heureux dans ma vie ? Est-il réellement possible ? Où ne s'agit-il pas d'un rêve candide d'un eldorado illusoire ? ».

Quoi que vous puissiez vous dire, il existe une façon d'y voir plus claire ; il suffit de RELEVER LA TETE DE VOTRE GUIDON et de vous poser ces questions à haute voix :

- « Dans quel environnement suis-je ? »

- « Cet environnement me fait-il avancer ? Reculer ? »

- « Est-ce que je m'y sens vraiment bien ? »

- Si non ; « Suis-je dans l'obligation d'y vivre ? Suis-je figé tel un arbre ? Ou suis-je plutôt un Etre libre ? »

Que vous ayez connu une éducation stricte, un passé financier difficile, des histoires sentimentales complexes ou une vie plus axée sur le négatif que sur le positif, j'ai une bonne nouvelle à vous annoncer. Votre passé ne détermine pas votre avenir. Beaucoup de personnes que je rencontre lors de mes interventions existent via leurs expériences passées et s'accrochent à des éléments qui ne peuvent plus être modifiés. Si vous n'avez aucun levier de modification pour une situation donnée, à quoi bon rester encastré dans ce passé ? Lors de mon enfance, j'ai souvent entendu des phrases marquantes similaires à « Tu n'aurais jamais dû faire cela ! », « On aurait dû faire autrement » et je m'amusais à rétorquer en disant « On aurait pu faire autrement, certes, mais que doit-on faire pour améliorer la situation de demain ? Peut-on changer les choses qui se sont passées ? ». Dans le cas où la réponse était négative, l'interlocuteur qui se trouvait en face de moi réalisait qu'il fallait plutôt axer sa réflexion sur l'aspect « solution » et non pas sur l'aspect « regret ».

Il convient également de souligner que nous avons créé cette cage par nos propres mains grâce à des outils que nous avons empruntés à notre environnement. La vie que nous menons actuellement est le résultat d'expériences que nous avons vécues depuis notre naissance. Si vous avez peur de manquer d'argent, c'est certainement parce que vous avez ressenti cela lors de votre enfance. Tout au long de mon enfance, la philosophie principale était axée sur le manque d'argent. Ayant évolué dans un petit village agricole de 800 habitants en plein centre de la Sicile, les ressources financières étaient très limitées et chaque centime avait son importance. Les revenus étant instables, nous devions accorder une grande attention aux dépenses réalisées. Le sentiment de manque prédominait dans les mentalités des habitants, ce qui a développé dans mon cerveau d'enfant, une croyance liée au manque d'argent.

Nous avons tous été conditionné par notre environnement et avons validé et accepté certaines informations inconsciemment qui sont devenues des automatismes. Nous allons faire le test ensemble à travers ces quelques questions :

- Pourquoi épluchez-vous vos carottes ? Certainement parce que votre maman le faisait, qui elle-même a hérité cette pratique de sa maman agricultrice qui se devait de les éplucher pour faire disparaitre complètement les résidus de terre incrustés.
- Avez-vous déjà dit ou pensé sur les jus industriels « je vais boire un grand verre de jus pour faire le plein de vitamines » ? Cela est totalement faux. A l'époque de nos parents (ou grands-parents), les seuls jus présents dans les cuisines étaient ceux issus de la pression des oranges fraîches contenant de la vitamine C. En effet, lorsque les jus sont pasteurisés (pour rallonger leur date de consommation), la vitamine fond comme neige au soleil laissant place essentiellement au sucre. Cette habitude de croire en la vitamine C des jus industriels (hormis les jus des rayons frais) est restée ancrée dans les mémoires et nous pouvons

entendre régulièrement certains proches avancer les vertus de ces produits.

Pour prendre conscience de la cage dans laquelle nous sommes, la principale arme à déployer est la remise en question de nos habitudes et de notre éducation en vérifiant leur véracité. Nous vivons dans une société qui nous donne accès à toutes les informations nécessaires à notre épanouissement intellectuel, profitons-en pour améliorer notre savoir, vérifier les croyances acquises dans notre passé et se développer chaque jour.

Afin de connaître au mieux votre cage actuelle, il convient de découvrir le style d'éducation que vous avez connu. Suite à de nombreuses recherches, Diana Baumrind, psychologue clinicienne et développementale juive née à New York, établit un lien entre l'éducation parentale et les compétences sociales d'un enfant. Suite à ses analyses, quatre styles parentaux se dessinaient en fonction de deux variables : le niveau d'encadrement et le niveau d'implication affective.

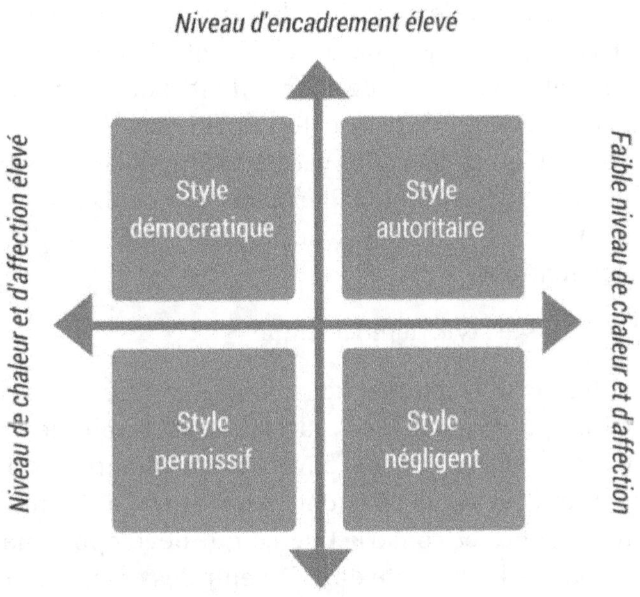

- Le style autoritaire

Les parents se situant dans ce système optent pour une éducation basée sur des règles avec peu de communication. La discipline est de rigueur et la mise en avant à l'aide de compliments peu présente. Si vous avez connu ce type d'éducation vous avez tendance à être souvent insatisfait et à avoir une attitude fermée.

- Le style permissif

A l'opposé du précédent, ce style est basé sur l'affect, démontrant beaucoup de gestes affectueux et d'amour mais n'imposant pas de limites. Ces parents valorisent énormément l'expression de l'enfant et la communication. Ils n'imposent pas de loi et, avant d'établir une règle, ils recueilleront l'avis de leur enfant. Lors d'une discussion avec un ami, Pierre, je fus ébahi par son argumentaire concernant le choix des vacances familiales. En effet, optant pour ce style parental, Pierre laisse le choix à ses enfants de choisir le lieu des vacances parmi un éventail de destinations.

- le style démocratique

Cette façon d'éduquer se situe à la croisée des chemins des deux précédents. Les parents ont établi des règles et expriment des attentes envers leurs enfants. Les liens entre parents et enfants sont axés sur la communication intelligente et constructive ce qui développe une capacité d'analyse et d'écoute dans l'avenir des enfants qui évoluent en toute confiance et maîtrisant de manière progressive, l'art de prendre des responsabilités. Ce style parental développe des qualités intrinsèques comme l'autonomie, le self-control ou encore le goût de la curiosité.

- le style négligent

Dans ce style, l'encadrement est exempt et les gestes d'affect très rares, voire inexistants. Dans ce processus, l'enfant aura tendance à se chercher, à découvrir sa réelle nature et partira à la quête d'amour et d'affection qu'il essayera de trouver par tous les moyens. Dans ces situations, l'enfant a de fortes chances de devenir impulsif et peu positif. Ce manque d'intérêt et d'affect lors de l'éducation se traduit par un sentiment d'insécurité et un manque de confiance en soi, qui aura un impact dans l'avenir de l'enfant.

Bien entendu, ces styles parentaux n'expliquent pas à 100% l'avenir, la personnalité et le comportement d'un enfant mais donnent une tendance générale qui aide à la compréhension de certains actes dans la vie d'adulte.

A présent, vous avez une idée du style parental qui a été employé lors de votre enfance, ce qui vous aide à comprendre vos valeurs, vos principes et certains comportements dans votre quotidien. C'est un aspect primordial pour comprendre le système de valeurs qui nous anime ainsi que les choix pour lesquels nous optons tout au long de notre vie.

CHAPITRE 1
Votre cage actuelle

Super Mantra
Jour 2

(À répéter à haute voix et avec conviction)

« Je suis un être conscient de son pouvoir et son droit d'être libre et de vivre une existence placée sous le signe du bonheur, de la plénitude et du bien-être constant. Lorsqu'une situation me pèse profondément, j'ai les capacités physiques et intellectuelles de la modifier afin d'atteindre la situation souhaitée. »

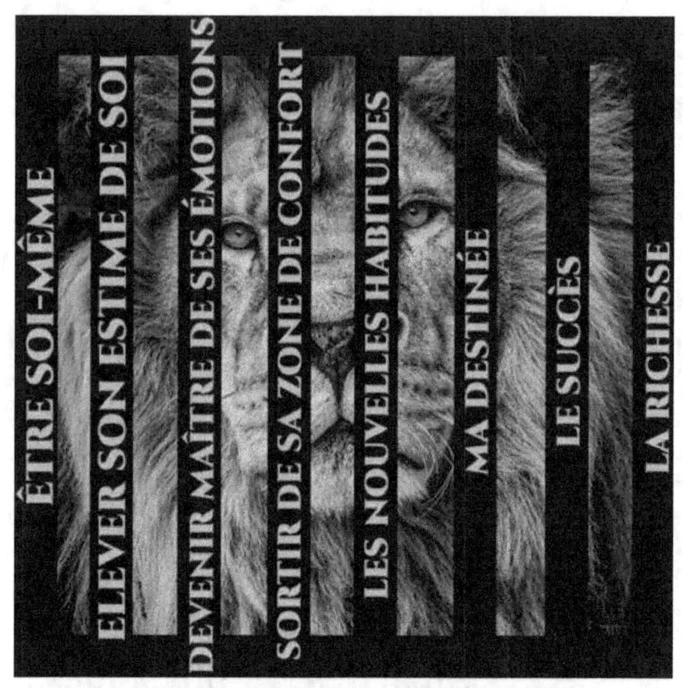

<u>Les 8 barreaux à découper pour vivre pleinement son existence</u>

Chapitre II

Etre soi-même

A. <u>Reconnaître ses masques</u>

Je tiens tout d'abord à préciser que la notion de masque n'a pas de connotation négative dans ce paragraphe. Nous sommes aujourd'hui tous contraints d'en porter plusieurs dans la même journée. Mais comment définir cette notion ? Son étymologie nous vient du latin « masca » qui désigne la « sorcière » et   le « spectre ». Dans la culture italienne ancienne, le mot masque était employé pour désigner le fait de se noircir le visage ou le corps en guise de déguisement.

Pour chaque situation, il est possible d'en endosser un nouveau. Votre attitude, votre façon de faire et vos réactions seront différentes en fonction de l'endroit, des personnes et de la situation dans laquelle vous vous trouvez.

Mais alors, quels sont les masques existants?

Il en existe une multitude et il serait quasiment impossible de tous les citer. En voici les principaux :

- le masque de l'enfant :

C'est l'un des premiers que nous portons, de la naissance à la mort. Nous renfermons au fond de nous, un enfant qui ne grandit jamais. D'où le plaisir inépuisable de jouer. De plus, le jeu représente la manière la plus ludique d'apprendre rapidement et de manière profonde.

Quant à l'attitude vis-à-vis des parents, l'enfant se positionnera pendant toute son existence en tant que tel.

- le masque du parent :

Ce persona se crée lorsque l'on devient parent. Il est défini par le caractère protecteur, responsable.

- le masque professionnel :

Au travail, nous portons un masque caractérisé par le sérieux, le professionnalisme et une posture différente de celle de notre quotidien.

- le masque du conjoint :

Ce type de masque aura également ces caractéristiques spécifiques au couple. Ainsi, il est fréquent d'entendre dans une discussion de couple, des phrases comme «à la maison il n'est pas comme cela ! ».

- le masque social :

En société, nous aurons une attitude différente et nous opterons pour des discours qui nous permettrons d'intégrer ou de rester dans un groupe ou une communauté spécifique.

- le masque solitaire :

Vient enfin, le solitaire. C'est l'attitude d'une personne lorsqu'elle se retrouve seule face à elle-même. Il existe un exercice simple mais souvent déstabilisant qui consiste à prendre un miroir, le disposer à dix centimètres de son visage et de se regarder dans les yeux. C'est un exercice efficace qui vous permet de vous voir en profondeur et de comprendre qui vous êtes.

Répondez à ces questions :

Suis-je conscient de mes différents masques ? Suis-je en adéquation avec mes valeurs principales ? L'un des masques que je porte, est-il en incohérence avec qui je suis, ce qui amène à me sentir mal à l'aise dans certaines situations ?

Solution

Il est primordial de préserver ses valeurs et ses principes, tout en gardant une certaine adaptabilité en fonction de la situation.

Il existe une autre école qui revendique le fait d'être soi-même à 100% dans toutes les situations et de réagir en fonction de ses ressentis et émotions. Le principal bémol avec cette idéologie est le suivant : « Est-il possible d'être nous-mêmes à 100% ? Ne sommes-nous pas une addition de croyances et de principes qui nous ont été transmis pendant notre éducation ? ». Il convient également de soulever la question de la société et de l'isolement. En effet, le fait de réagir instinctivement et à 100% soi-même, peut amener à un certain isolement.

La décision vous incombe quant aux choix que vous adopterez.

B. Le regard des autres

Lorsque l'on se soucie fortement du regard des autres, il est difficile de vivre sa vie pleinement et cela peut nous couter cher sur le long terme. Ce phénomène bloque le passage à l'action et nous ressentons une « peur » d'agir par rapport à une éventuelle critique et une pensée négative de nous-mêmes. Cette réaction se révèle tout à fait normale car l'être humain a besoin de reconnaissance, d'être aimé par le maximum de personnes et veut se protéger de toute déception et désillusion vis-à-vis de sa personne, de son égo. La principale problématique que nous rencontrons se traduit par le fait de vouloir plaire à « tout le monde ». C'est un phénomène naturel mais clairement impossible ce qui induit une peur et une frustration constante, tant que nous ne réalisons pas que nous sommes dans la plus stricte impossibilité de plaire à 7 milliards de personnes. La première personne à rendre heureuse, c'est vous-même. Si vous êtes heureux, vous pouvez rendre heureux plus facilement.

Répondez à ces questions :

1. Est-ce que j'aime TOUT LE MONDE ?
   OUI, j'aime tout le monde   -   Non, c'est impossible

2. N'est-ce pas normal le fait de ne pas pouvoir plaire à tout le monde ?
   Si, c'est normal - Non, je DOIS plaire à tout le monde

3. N'est-ce pas une richesse d'avoir des différences chez chaque être humain ?
   Si, c'est primordial   -   Non, tout le monde est pareil

4. Quel prix suis-je en train de payer au quotidien pour vouloir plaire à tout le monde ?

....

....

....

....

5. Le regard des autres sur moi est-il vraiment important ?

....

....

....

....

6. Suis-je le centre du monde ? Les autres attendent-ils
    avec impatience de voir le moindre geste que
    j'effectue ? Ou s'en moquent-ils ?

....

....

....

....

7. Si le regard des autres n'existait pas, que ferais-je de
    différent ?

....

....

....

....

<u>Solution</u>

Accepter le fait que nous ne pouvons pas plaire à tout le
monde et vice versa. Nous vivons notre propre vie et
existence avant tout et ce que pensent les autres ne doit pas
venir impacter nos désirs profonds. Bien entendu, il s'agit de
réguler le curseur et de ne pas être dans les extrêmes. C'est
ce qui s'appelle, faire des concessions (par exemple pour les
personnes que nous aimons).

C. <u>Les croyances limitantes</u>

Une croyance limitante est une idée profonde que l'on se fait d'un élément. Elle est tellement ancrée en nous qu'elle devient une réalité. Je tiens à faire une impasse sur le mot « réalité » qui, en soi, est subjective. Chaque personne a une perception et un cadre de référence différent des choses qui nous arrivent. De ce fait, une personne pourra penser qu'un pitbull est réellement dangereux, alors qu'un autre dira qu'il s'agit d'un animal très docile. Tout n'est qu'une histoire de croyance et il est important de respecter le point de vue (ou cadre de référence de chacun). Une croyance limitante peut concerner une personne, un animal, un pays etc. Prenons l'exemple d'un transport en commun : l'avion. S'agit-il d'un moyen de transport dangereux ? Quelle croyance avez-vous par rapport au voyage en avion ?

Certains auront l'intime conviction qu'il s'agit de la façon la plus sûre de voyager, d'autres, se limiteront pendant toute leur existence à ne pas le prendre par conviction de connaître une mort atroce.

Ce qu'il faut bien comprendre, c'est que les croyances limitantes nous proviennent de nos expériences passées, de notre éducation, notre environnement en général et nous empêchent de passer à l'action.

Prenons l'exemple, à présent, d'un enfant qui a entendu, pendant toute son enfance des phrases du type « Tu n'es vraiment qu'un imbécile, un bon à rien, tu es nul. J'ai toujours su que tu n'arriverais jamais à rien ».

Avec les années, ce type de phrase vient s'imprimer dans le subconscient de l'enfant, puis, arrivé dans la vie d'adulte, il sera profondément convaincu qu'il n'est bon à rien et ceci engendrera certainement d'autres tares comme le manque de confiance en soi. La suite de l'histoire ? Tant que la prise de conscience et l'analyse de soi ne sont pas effectuées, l'adulte continuera à croire qu'il est nul car personne ne lui a appris à croire le contraire.

Vous êtes tout simplement un lion à qui l'on a appris à rester et vivre en cage mais votre vraie vie se déroule dans la savane.

Répondez à ces questions :

1. Quelles sont mes croyances limitantes ? *(peur de l'avion ?peur de créer une entreprise ? Peur d'avoir des enfants ?)*

....

....

....

....

2. Ces croyances sont-elles réellement fondées ? D'où me viennent ces limites ?

....
....
....
....

3. Quelles sont les bienfaits réels de ces croyances ? *(ex : bouclier, masque, moyen d'éviter le passage à l'action ?)*

....
....
....
....

4. Quelles sont les conséquences à ce jour de ces croyances ? *(ex : je n'ai jamais pris l'avion, je n'ai jamais ouvert mon entreprise etc.)*

....
....
....
....

5. Si je mets fin à ces croyances limitantes, à quoi ressemblerait ma vie ?

....
....
....
....

<u>**Solution**</u>

L'objectif de cette partie est d'identifier vos croyances limitantes, de les encercler et de les éliminer. Une fois cela fait, il faudra mettre en place des croyances MOTIVANTES et les affirmer à voix haute.

Appliquez le processus suivant à chaque fois que vous identifiez une croyance limitante.

Exemple :

1. Repérage de l'ancienne croyance → J'ai peur de lancer mon entreprise parce que tout le monde fait faillite

2. Fondée ? Origine ? → Je vérifie les statistiques des personnes qui se lancent à leur compte. Est-ce que 100% d'entre elles font faillite ?

→ Je crois certainement cela parce qu'au cours de ma vie, beaucoup de personnes de mon entourage ont parlé négativement de la création de business.

3. Bienfaits ? → Cette croyance est-elle vraiment bénéfique pour moi qui souhaite me lancer ?

4. Conséquences ? →A ce jour, cette croyance m'empêche de passer à l'action et me bloque dans ma « cage »

5. Nouvelle vie ? → Si j'éradique cette croyance de mon cerveau, je pourrais lancer mon entreprise avec enthousiasme, tout en me formant et avoir la vie dont je rêve en occultant le fait que dans 100% des cas je ferai faillite.

On croit les choses parce qu'on a été conditionné à les croire.

Aldous Huxley

D. <u>L'auto-sabotage</u>

L'auto-sabotage est une pratique très fréquente qui est, dans la plupart des cas, instinctive et robotique. Il s'agit de cette « petite voix » au fond de nous qui, lorsque nous décidons de prendre une décision nous dit, « ne tente pas, ça ne marchera jamais, c'est certain ».

Pour comprendre ce phénomène, il faut fouiller dans notre passé et notre histoire afin de déceler les évènements coupables de ce comportement. Hors, il est souvent question des bases de l'éducation parentale ou nationale qui nous ont été inculquées lors de l'enfance et l'adolescence.

Le vocabulaire que nous utilisons au quotidien a une place prépondérante dans l'auto-sabotage. Si votre façon de penser est axée sur le négatif, vous serez négatif. Idem pour le positif.

Pour mieux mettre en lumière ce phénomène, je vous propose un exercice simple mais percutant :

Sur une échelle de 1 à 10 *(1 étant positif et 10 étant négatif)* comment est/était:

Ma mère

1	2	3	4	5	6	7	8	9	10

Mon père

1	2	3	4	5	6	7	8	9	10

Mon frère

1	2	3	4	5	6	7	8	9	10

Ma sœur

1	2	3	4	5	6	7	8	9	10

Mes amis *(en général)*

1	2	3	4	5	6	7	8	9	10

Mes professeurs *(en général)*

1	2	3	4	5	6	7	8	9	10

Mes collègues

1	2	3	4	5	6	7	8	9	10

Cet exercice permet de mettre en lumière et de prendre conscience des éléments négatifs qui ont fait ou font partis de notre vie. Arrêtez-vous et prenez de la hauteur.

Répondez à ces questions :

1. Mon vocabulaire est plutôt négatif (1) ou positif (10) ?

1	2	3	4	5	6	7	8	9	10

2. Mes paroles sont plutôt destructrices (1) ou constructives (10) ?

1	2	3	4	5	6	7	8	9	10

<u>**Solution**</u>

Apprenez à écouter cette petite voix qui est en vous et identifiez les phrases qui vous sabotent. Une fois repérées, répétez-vous la phrase suivante :

« J'ai pris conscience de cette phrase qui me sabote et me freine dans mes actions. Je décide de lui fermer la porte et de la faire disparaître de mon mental. Dorénavant, toutes les phrases que je me dirai seront utiles pour mon avenir et me serviront à me construire de manière positive ».

« On se persuade mieux par ses propres raisons que par celles qui sont venues de l'esprit des autres »

Pascal B

Chapitre II
Etre soi-même

Super mantra
Jour 3
(À répéter à haute voix et avec conviction)

« Je m'accepte et m'aime tel que je suis, sans me soucier du regard des autres. Je crois profondément en moi et en mes capacités. A partir de MAINTENANT, je stopperai toutes croyances limitantes et fermerai la porte à toute idée qui pourrait me saboter. »

Action pour couper le barreau

> ➢ JE RECONNAIS MON IDENTITE
> ➢ JE NE PORTE PLUS D'ATTENTION AU REGARD DES AUTRES
> ➢ JE SUPPRIME TOUTES CROYANCES QUI ME LIMITENT
> ➢ J'ARRETE IMMEDIATEMENT DE ME DETRUIRE

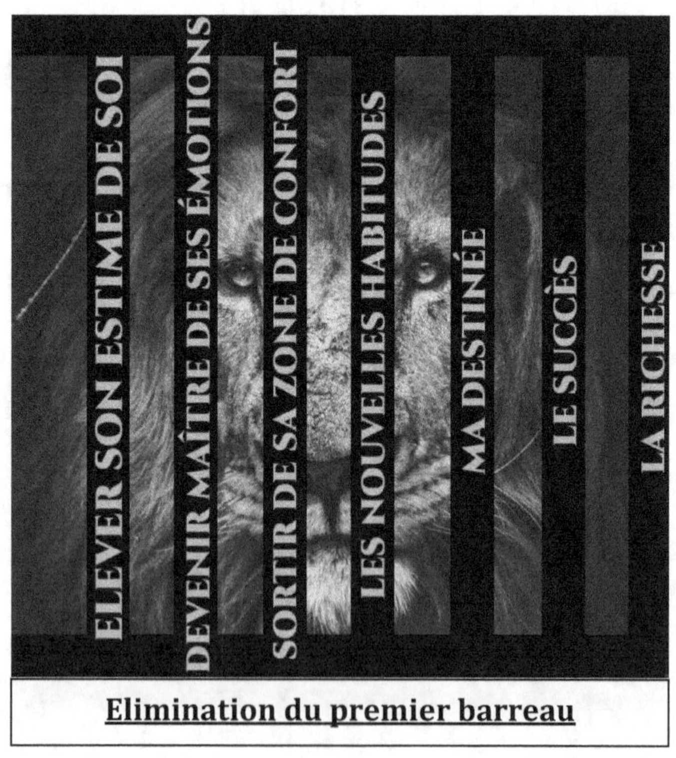

<u>Elimination du premier barreau</u>

Chapitre III

Élever son estime de soi

L'estime de soi est un facteur clé de succès, de la réussite et du bonheur profond. Elle est sans cesse perturbée par les éléments extérieurs que nous rencontrons dans notre quotidien. Nous voulons être toujours plus intelligents, plus riche, plus beau et plus fort. Les comparaisons inconscientes avec les personnes que nous voyons, rencontrons et côtoyons font surface plusieurs fois dans la journée. Afin de mieux schématiser les principes et les fonctionnements de l'estime de soi, il est important d'en comprendre les mécanismes et d'en étudier les composantes.

L'estime de soi est composée des quatre piliers présentés ci-dessous :

A. <u>Amour de soi</u>

Que signifie l'expression « amour de soi » ? L'amour est un sentiment enracinant et une émotion que l'on ressent au plus profond de soi. L'un des prérequis pour pouvoir vivre une vie littéralement bercée par l'amour est de réussir à s'aimer. Une fois que l'on atteint ce palier, il nous est beaucoup plus aisé d'aimer à notre tour.

La question principale de ce paragraphe est la suivante :

« Est-ce que je m'aime dans n'importe quelle circonstance de la vie? Est-ce un amour profond ? »

Si la réponse penche vers le négatif, prenez de la hauteur en vous posant cette question :

« Est-ce que je ne devrais pas être la première personne à m'aimer ? »

Beaucoup de personnes recherchent, de manière inconsciente dans la plupart des cas, de l'amour auprès de leur entourage, amis, famille ; avant de le chercher en eux. Pendant plusieurs années, j'ai eu recours à ce type de procédé et cela, de manière inconsciente. Je recherchais continuellement de l'affection auprès de mes proches, partenaires et amis dans le but de recevoir des mots doux et ainsi combler mon ego de ce beau ressenti qu'est l'amour. Je précise que ce réflexe est tout à fait normal mais vous ne pourrez jamais aimer de manière inconditionnelle si vous n'entretenez pas une relation de paix et de sérénité avec votre intérieur. Apprendre à s'aimer débute par reconnaître qui vous êtes vraiment en construisant son amour propre sur des bases telles que la sincérité et la plénitude, peu importe la situation à laquelle vous faîtes face. Si vous souhaitez connaître une harmonie inconditionnelle, commencez par vous accepter et vous dire que vous êtes un Être formidable, avec pleins de qualité et de caractéristiques excellentes ! L'amour de soi est souvent freiné dès la plus tendre enfance avec des phrases du type « Si tu aimes maman, tu arrêtes immédiatement de faire cela », « Si tu aimes papa, tu vas ranger ta chambre ». Ceci dit, ce type d'élocutions met en place des conditions à l'amour. Hors, l'amour pour les autres et pour soi-même, ne doit pas répondre à des prérequis. L'amour ne se commande pas, il ne s'invente pas mais peut se trouver en modifiant un simple point de vue sur notre personne. Dans la plupart des cas, nous arrivons sur la scène de l'adulte avec un amour de soi faible qui a été déformé par ce que nous appelons en Analyse Transactionnelle, les drivers. Ils sont au nombre de cinq et ont tendance à influencer notre vie entière tant qu'ils ne sont pas mis en lumière. Leur origine est liée à la répétition de certaines phrases lors de notre éducation parentale, scolaire et environnementale. Comme dans toutes situations, chaque driver détient ses avantages ainsi que ses inconvénients.

Afin de mieux les comprendre, voici leur spécificité singulière :

- **Driver n°1 : Sois parfait**

Ce driver se traduit essentiellement par des répétitions de phrases comme « Tu vas te battre pour être le premier de ta classe », « Tu dois être le meilleur dans ce que tu fais », « Ton dessin doit être parfait, ne dépasse pas d'un poil ».

Avantages : Rigueur, engagement, perfectionnisme

Inconvénients : Frustration régulière, développement de la peur d'échouer.

- **Driver n°2 : Fais plaisir**

Lors de l'enfance, certains parents développent ce driver par des phrases répétitives comme « Range ta chambre, fais-moi plaisir », « Tu veux vraiment que maman soit triste ? », « Ton papa mérite bien cela ».

Avantages : Développement de l'altruisme et de la capacité d'écoute.

Inconvénients : Difficulté à dire non, sentiment de culpabilité, faible estime de soi.

- **Driver n°3 : Sois fort**

Assez répandu, ce driver se traduit par des expressions telles que « Tu vas arrêter de pleurer maintenant ! », « Arrête d'avoir peur pour rien », « La vie est très dure mon fils ».

Avantages : Ambition, développement du leadership

Inconvénients : Enfouissement des émotions, psychorigidité.

- **Driver n°4 : Fais des efforts**

Ce driver est caractérisé par des expressions comme « On n'a rien sans rien », « Tu vas devoir faire plus d'efforts pour réussir », « Allez ! Donne tout ce que tu as ! »

Avantages : Persévérance, motivation constante.

Inconvénients : Difficulté à profiter des moments simples de la vie, tendance à rendre complexe chaque situation.

- **Driver n°5 : Dépêche-toi**

Ce driver se manifeste par un argumentaire comme suit ; « Tu es toujours en retard », « Allez dépêche-toi, nous n'arriverons jamais à temps ! », « Tu fais que de traîner, réveille-toi maintenant ! ».

Avantages : Réactivité, développement du dynamisme.

Inconvénients : Accroissement du stress, organisation médiocre

L'autre point à mettre en évidence concernant la perte de son amour propre est celui de la société. Nous sommes souvent contraints (tant que l'on ne le réalise pas) de suivre des prototypes sociétaux physiques et entrer dans ces fameux « moules » dictés par la mode ou les médias. Pourquoi la plupart des personnes ne s'aiment pas à leur juste valeur ? Pour quelle raison, face au miroir, nombre de personnes se sentent laides, « grosses » et se dénigrent au point d'atteindre des niveaux de dégoûts profonds ? Tout simplement parce que nous vivons dans une société conformiste qui montre des personnages à l'allure « parfaite », sans cellulite et portant des vêtements de haute couture. Lorsque nous sortons de cette bulle « esthétique », nous devons faire face à notre corps qui ne ressemble, souvent, en rien à celui que nous venons de voir. Ce qu'il faut retenir, c'est que chaque personne est unique et splendide. Que vous ayez quelques kilos en trop (ou en moins), que vous n'ayez pas l'argent nécessaire pour acheter des vêtements de marque ou pour vous payer des vacances « All-inclusive », vous êtes formidables dans toutes les circonstances et toutes les situations. De l'ouverture de vos yeux le matin au lever, à leur fermeture le soir au coucher.

Solution :

Levez-vous, rendez-vous face à un miroir et regardez-vous pendant deux minutes.

A présent, répétez ces phrases à haute voix et avec beaucoup d'entrain et de conviction profonde. Cela doit venir du cœur et il faut CROIRE en vos paroles :

« Je me regarde et je me trouve MAGNIFIQUE. Je suis conscient de la chance que j'ai d'être aussi PARFAIT. Je ressens beaucoup de gratitude envers la vie et je suis heureux d'être la personne que je suis. Chaque jour qui passe, je m'aime de plus en plus et continuerai à m'aimer progressivement quoi qu'il arrive. »

« Ce n'est pas égoïste de vivre pour soi-même. Une personne qui n'a pas l'amour de soi ne peut donner de l'amour aux autres. »

André Mathieu

B. <u>Confiance en soi</u>

Souvent confondue avec la notion d'estime de soi, la confiance en soi diffère de la première, mais se révèle tout aussi indispensable pour la réussite et l'épanouissement.

Mais que signifie « avoir confiance en soi ? ». Cette expression désigne une croyance profonde en soi-même et la certitude en son potentiel et en ses capacités. La personne qui a confiance en soi prend des décisions, fait des choix, agit et sait faire face aux évènements de la vie avec beaucoup de courage et de certitude. L'absence ou la quasi-inexistence de confiance en soi est le résultat de toutes vos expériences passées ainsi que des personnes côtoyées jusqu'au moment où vous lisez ce livre. Si, en étant enfant, on vous a répété « Tu es un incompétent, tu n'arriveras jamais à rien » pendant plusieurs années, il est tout à fait possible que le manque de confiance en vous provienne de ce type de phrases.

L'autre facette à ne pas négliger est celle de la surprotection parentale qui induit une peur de l'échec profonde chez l'enfant. Un parent qui n'a volontairement pas laissé faire des erreurs à son enfant ou essayé tout simplement faire des choses, a placé son enfant dans une « vitrine éducative » et l'a coupé du monde réel. L'enfant se sent alors incapable de réaliser des choses par lui-même, craignant ainsi de faire des erreurs. Le jour où ce dernier prendra son indépendance, il sera face à ses responsabilités et devra entamer le processus de gain de confiance en soi depuis la genèse. En écrivant ce paragraphe, je ne puis m'empêcher de penser à une personne que nous appellerons Laure. Cette femme a perçu son enfance comme étant pénible, sans affection et sans amour. Issue d'une grande fratrie, elle a été chargée de la plupart des tâches ménagères, de la cuisine ainsi que du bien-être de ses frères et sœurs. Avec les années, elle a développé des croyances axées sur la difficulté, l'indifférence et le manque d'affection de la part de sa famille. Une fois adulte, Laure a fait face à des complications à procréer et avec beaucoup de persévérance, elle est parvenue à enfanter. Tout au long de l'enfance de son fils Mathieu, Laure développe un aspect ultra protectionniste et maman poule, qu'elle considère normal, au vu de l'enfance qu'elle a connue. Jusqu'à sa majorité Laure aide Mathieu à s'habiller, à laver ses cheveux et choisit ses vêtements quotidiens. Une fois adulte, Laure installe inconsciemment des peurs de l'inconnu à son fils avec des phrases comme « Tu ne vas pas aller en ville à pied ! », « Sois prudent, tu risques de te faire agresser par des sans-abris ! » ou encore « Tu dois absolument rentrer avant la tombée de la nuit ! ». Sans s'en rendre compte, Laure a installé chez son fils, la peur de l'inconnu, l'enfermement sur soi ainsi que la crainte de l'être humain. Laure contrôle totalement la vie de Mathieu qui approche de la trentaine et a installé le schéma du manque de confiance en soi et de la crainte omniprésente.

La dernière facette du manque de confiance en soi est représentée par le peur de la critique qui découle sur une peur du regard des autres. En effet, cette peur tétanise et provoque un mal bien connu, celui de l'inaction. La personne concernée par cette problématique n'osera pas faire de nouvelles choses, appeler un employeur pour demander où en est sa candidature ou encore aller parler à un inconnu, par peur du rejet. A ce moment-là, intervient une nouvelle notion qui est celle de la supposition. Avant même de passer à l'action, les premières pensées pourraient ressembler aux suivantes :

« Ce n'est pas la peine, de toute façon ça ne marchera pas », « Pourquoi j'irais aborder cette inconnue ? Elle ne voudra jamais me parler », « Je n'appellerai pas l'entreprise à laquelle j'ai envoyé mon CV, de toute façon ils ne me prendront jamais, je le sais déjà d'avance ».

Solution

Afin de (re)gagner en confiance en soi, il est primordial de connaître des réussites, aussi petites soient-elles et surtout, ne pas laisser place à des suppositions, en passant à l'action. Le fait de se poser trop de questions, n'est qu'un moyen de se rassurer de ne pas passer à l'action, donc STOP aux suppositions et allez chercher la VRAIE réponse, et non pas celle que vous a insufflée votre voix intérieure.

Afin d'augmenter votre confiance en vous, les phrases suivantes peuvent se révéler d'une aide précieuse :

« J'ai mis un terme définitif à l'impact de mes expériences passées sur ma confiance. A présent, je suis une nouvelle personne qui n'a pas peur du regard des autres, qui est confiant dans ses actions. Je crois profondément en mon fort potentiel et en mes capacités qui font de moi un être sûr de soi. »

« Crois en toi, nul ne peut arrêter qui a confiance en soi. » Simon de Bignicourt

C. Vision de soi

Comment vous voyez-vous à l'intérieur de vous-même ? Cette question a un impact sur votre vision. Que pensez-vous de votre personne physiquement et intellectuellement ? La vision de soi est déterminée par nous-mêmes et par le vocabulaire que nous utilisons envers notre personne. Dans moultes situations, les mots et expressions que nous employons à notre encontre ont tendance à ternir notre vision, mais tout cela devient robotique et inconscient. Prenons l'exemple d'une personne qui cuisine et qui oublie de vérifier la cuisson de ses aliments pendant un instant. Dès son retour, elle constate que la forte flamme a carbonisé son plat. D'une phrase reflexe, elle va se juger en disant « Quelle étourdie suis-je ! J'en ai assez ! Je ne suis vraiment qu'une imbécile ». Cette expression semble être anodine mais à force de répétition, son subconscient va s'imprégner de ce vocabulaire et elle finira par avoir une vision négative d'elle-même. Si votre journée est rythmée par un vocabulaire auto-dépréciatif, vous serez convaincu par ce dernier. A contrario, si vous limitez les paroles telles que « je suis sotte », « je ne suis qu'une incapable » par un vocabulaire plus valorisant comme « ce n'est pas bien grave », « je suis performante » ou « cela arrive à tout le monde », vous générerez une mentalité plus positive. Cela aura un effet bénéfique à long terme.

Solution

Prendre conscience du vocabulaire que nous utilisons au quotidien pour nous décrire ou nous juger afin d'arrêter l'hémorragie de la vision destructrice de soi par les mots. Lorsque vous faites face à des situations pour lesquelles vous ressentez une forte envie de vous « critiquer », souriez et dites à haute voix « Ce n'est pas bien grave, des choses biens pires existent dans la vie ».

« Ce qu'un homme pense de lui-même, voilà ce qui règle ou plutôt indique son destin. »

Henry David Thoreau

D. <u>Acceptation de soi</u>

L'acceptation de soi est le résultat d'un long chemin qui provient de notre passé. Nous répétons des schémas qui nous ont été inculqués et, de manière inconsciente, nous continuons à nous faire souffrir à répétition. Que signifie s'accepter tel que l'on est ? C'est extrêmement simple. Il vous suffit d'inverser la tendance que vous avez à vous dévaloriser et à faire preuve d'indulgence envers vous-même. L'objectif est de comprendre vos qualités et vos défauts mais surtout et de les reconnaître en tant que tels.

➢ Remercier son corps

NON, notre corps n'est pas uniquement composé de cette enveloppe physique que vous voyez sur ce miroir. Notre corps est bien plus que cela ! Nous ne sommes souvent pas conscients de sa puissance, sa perfection et son fonctionnement ! Votre corps est extraordinaire. Il vous aide à vous déplacer où vous le souhaitez, à découvrir le monde, à prendre du plaisir dans tout ce que vous faites. Il vous permet de sentir de belles odeurs grâce à votre nez, d'apprécier un plat que vous adorez via les papilles gustatives que vous avez héritées de la vie, de voir un magnifique coucher du soleil grâce à un système oculaire qui atteint les 576 mégapixels, d'écouter de la musique qui vous procure de belles sensations par le biais de vos oreilles ou encore de pouvoir vivre une relation charnelle avec votre bien aimée en utilisant la totalité de votre corps.

De plus, même lorsque vous le maltraitez par des éléments nocifs tels que l'alcool, la malbouffe, le tabac ou toutes autres substances destructrices, votre corps se battra pour vous permettre de continuer à vivre dans les meilleures conditions.

Votre corps est formidable ! Pendant que vous lisez ce livre, de multitudes de choses se produisent dans votre corps. Sachez qu'en une journée, votre cœur bat 100 000 fois, vous respirez plus de 20 000 fois, vos yeux clignent 25 000 fois, vos cheveux gagnent 0,4 millimètre, votre esprit sera traversé par plus de 50 000 pensées et votre organisme travaillera dur pour vous permettre de vous purifier et éliminer les toxines qui empêchent son bon fonctionnement. Votre corps est une machine ultra perfectionnée qui est à votre service.

« Le corps est le temple de l'esprit. »

Saint Paul

> ➤ Être en paix avec soi-même

J'entends souvent des personnes que je coache dire des phrases comme « je me déteste, je ne me supporte plus ». Le simple fait de se répéter ces phrases va emmener votre esprit dans une spirale très négative et vous mettra en opposition avec vous-même. Ne soyez pas sans cesse en conflit avec ce que vous faites et arrêtez de vous punir avec ces phrases. Ayez une attitude pacifique et faites la paix avec vous-même. Vous ressentirez un bien-être progressif et vous vous remercierez d'avoir cessé d'être « en guerre » envers votre personne. Si vous ne prenez pas la décision de faire la paix avec votre intérieur, qui le fera ?

> Faire preuve d'indulgence envers soi-même

Cette partie est dédiée aux personnes qui sont trop dures avec elles-mêmes dans leur quotidien. Vous souhaitez faire beaucoup de choses, vous développez des projets, vous avez entamé une pratique sportive mais vous ne voyez aucun résultat alors que vous avez travaillé depuis plusieurs mois, voire années d'arrache-pied. Résultat : vous commencez à vous en vouloir et à vous dénigrer car vous n'avez pas atteint les objectifs fixés. Vous commencez à vous impatienter, puis à vous dénigrer inconsciemment avec des expressions internes du type « je suis vraiment nul, je n'arrive jamais à atteindre le but que je me suis fixé ».Quelle est l'impact de cette attitude dans votre vie ?

La réponse est simple. En mettant la barre très haute, vous créez une pression en vous et forcément des attentes élevées. Puis, vous devenez rapidement impatient car notre société nous a appris à recevoir, tout, tout de suite.

Faites preuve d'indulgence et ayez à l'esprit que chaque chose dans la vie prend du temps. Si vous gardez cette attitude rigide et stricte envers vos actions, vous développerez de la frustration et de la colère envers vous-même. Toute action que vous entreprenez est telle une graine que vous plantez dans un terrain fertile. Avant de récolter les fruits, il va falloir faire preuve de patience et se dire que le changement prend du temps.

Solution :

Dites un grand MERCI à votre corps pour tout ce qu'il fait chaque instant pour votre bien-être et ne vous jugez pas uniquement via votre « physique ». Soyez en paix et faites preuve d'indulgence avec vous-même. Tout grand changement prend du temps.

« Pour se connaître, il faut s'accepter »

Albert Camus

Chapitre III
Élever
son estime de soi

Super mantra

Jour 4

(À répéter à haute voix et avec conviction)

« Chaque minute, chaque heure et chaque jour qui passe, mon estime de moi s'élève doucement mais surement et profondément. »

Action pour couper le barreau

> JE M'AIME
> J'AI ENTIEREMENT CONFIANCE EN MOI DANS TOUT CE QUE J'ENTREPRENDS
> MA VISION DE MOI EST TOUJOURS POSITIVE, DANS LES BONS ET LES MAUVAIS MOMENTS
> JE M'ACCEPTE TEL QUE JE SUIS

<u>Elimination du deuxième barreau</u>

Chapitre IV

Devenir maître de ses émotions

Pour bien comprendre le domaine de la gestion des émotions, il convient de faire l'impasse sur l'origine du mot « émotion ». Ce terme nous vient du latin « emovere » qui signifie mettre en mouvement, bouger. C'est tout d'abord une représentation mentale qui amène à des réactions physiques internes ou externes.

Chaque émotion est utile pour nous faire avancer et présente différent degré d'intensité. En effet, l'intensité du stress sera bien plus importante si vous faites face à la crainte d'être licencié contrairement à la situation où votre enfant fait tomber un verre au sol. Il est indispensable d'établir une échelle d'intensité d'émotions pour prendre du recul et de la hauteur sur les situations que nous vivons.

<u>Echelle d'intensité des émotions</u>

1	2	3	4	5	6	7	8	9	10
Peu intense								Très intense	

Imprimez cette échelle dans votre mental et à chaque fois que vous ressentez une émotion, donnez-lui une note d'intensité. Cette étape vous permettra de prendre les mesures nécessaires pour inverser la tendance.

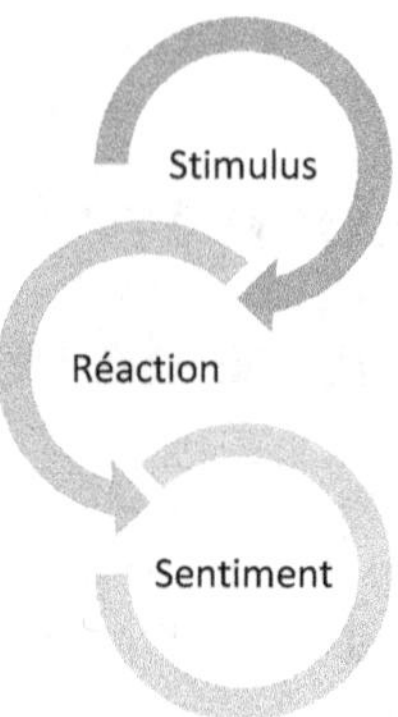

Il existe trois catégories d'émotions principales à connaître afin de les identifier et les gérer à bon escient.

Imaginez que votre vie soit un voyage en avion, que l'avion soit votre corps et votre esprit, le pilote présent dans la cabine. Pendant ce long voyage de plusieurs années, vous avez à votre disposition un écran de bord qui vous indique le bon fonctionnement du système. Vous allez vous poser la question suivante : « Mais quelle est le rapport avec les émotions ? ». Les émotions sont tout simplement vos alertes et il est rassurant de les avoir ! Elles vous indiquent quoi faire pour réajuster la trajectoire de votre vol. Prenons l'exemple d'une balade que vous décidez de faire en forêt un dimanche matin. Tout à coup, vous apercevez un sanglier au loin. Votre écran de bord (le cerveau) va clignoter en rouge et va envoyer une alerte de la « peur » et va permettre d'agir en conséquence (fuite, grimper à un arbre etc). Toutes les émotions sont nos alliées et nous permettent de poursuivre notre chemin de manière sereine. Malheureusement, personne ne nous a appris à reconnaître nos émotions et à les gérer avec recul et calme.

A. <u>Les voyants verts (ou émotions énergisantes)</u>

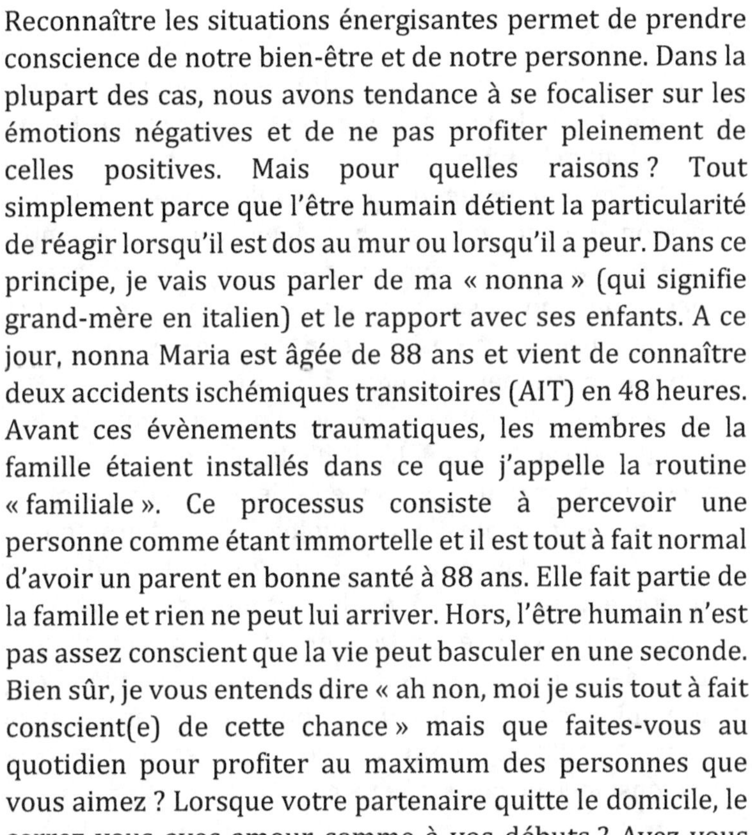

Reconnaître les situations énergisantes permet de prendre conscience de notre bien-être et de notre personne. Dans la plupart des cas, nous avons tendance à se focaliser sur les émotions négatives et de ne pas profiter pleinement de celles positives. Mais pour quelles raisons ? Tout simplement parce que l'être humain détient la particularité de réagir lorsqu'il est dos au mur ou lorsqu'il a peur. Dans ce principe, je vais vous parler de ma « nonna » (qui signifie grand-mère en italien) et le rapport avec ses enfants. A ce jour, nonna Maria est âgée de 88 ans et vient de connaître deux accidents ischémiques transitoires (AIT) en 48 heures. Avant ces évènements traumatiques, les membres de la famille étaient installés dans ce que j'appelle la routine « familiale ». Ce processus consiste à percevoir une personne comme étant immortelle et il est tout à fait normal d'avoir un parent en bonne santé à 88 ans. Elle fait partie de la famille et rien ne peut lui arriver. Hors, l'être humain n'est pas assez conscient que la vie peut basculer en une seconde. Bien sûr, je vous entends dire « ah non, moi je suis tout à fait conscient(e) de cette chance » mais que faites-vous au quotidien pour profiter au maximum des personnes que vous aimez ? Lorsque votre partenaire quitte le domicile, le serrez-vous avec amour comme à vos débuts ? Avez-vous conscience de la chance que vous avez ? Et si la vie l'emportait, comment vous sentiriez-vous ?

Profitons de nos proches dans la joie, la sérénité en exprimant notre gratitude, notre fierté et notre amour.

Signification

La joie est synonyme d'intensité de vie, de plaisir à agir et surtout de contribution à un progrès. Ce voyant est souvent silencieux, c'est-à-dire que peu de personnes réalisent à 100% les moments de joie qu'elles vivent. Lorsqu'une personne est joyeuse, sa physiologie s'en fait ressentir. La joie se transmet et surtout se ressent. Au contact d'une personne joyeuse, vous ressentez de l'énergie communicative et positive qui traverse l'esprit et donne envie de continuer à la côtoyer. Dans mon ancien métier, j'ai eu la chance de côtoyer des personnes de tout horizon et d'état d'esprit différent. L'une d'elle m'a beaucoup marquée. Véronique était une personne radieuse, solaire et respirait le bonheur. Atteinte d'une pathologie grave, Véronique a été une source d'inspiration et de motivation dans mon quotidien. Chaque fois que je la rencontrais, je repartais avec une envie de vivre extraordinaire et, malgré sa maladie, elle a gardé son sourire jusqu'à son dernier souffle. C'est un exemple à suivre pour chacun de nous et Véronique nous rappelle qu'il est possible d'être joyeux, peu importe la circonstance de la vie. C'est à nous de choisir.

Que faire ?

Si vous éprouvez des difficultés à trouver de la joie au quotidien, posez-vous la question « Qu'est-ce qui me met en joie ? » ou répétez-vous la phrase suivante « rien ni personne ne viendra impacter ma joie du jour ».

> <u>Le voyant de la sérénité</u>

Signification

La sérénité désigne un état de paix générale qui se fait de plus en plus rare au 21ᵉᵐᵉ siècle. En effet, cette sensation de calme tend à se raréfier avec l'augmentation de l'utilisation des nouvelles technologies, qui toquent à notre esprit à chaque notification ainsi qu'avec le rythme effréné de notre quotidien. Notre cerveau se trouve de moins en moins au repos et de plus en plus sollicité. Ressentir la sérénité passe par des moments de méditation qui permettent l'apaisement de l'esprit, du corps et de l'âme. Se sentir serein traduit également une capacité accrue à lâcher prise et à accueillir les évènements de notre existence avec quiétude et ataraxie.

Que faire ?

La méditation se révèle être le moyen le plus efficace pour atteindre une sérénité conséquente, sans oublier la vie dans le moment présent, sans se préoccuper du moment passé et futur. Pour éprouver de la sérénité de manière fréquente, il est recommandé de trouver un environnement qui vous permette d'atteindre une paix intérieure et une sérénité constante ; en l'occurrence, trouver votre havre de paix.

> <u>Le voyant de la gratitude</u>

Signification

Selon Ciceron, avocat et écrivain né en l'an 106 av. J.-C, *« la gratitude est non seulement la plus grande des vertus, mais aussi la mère de toutes les autres »*. Faire preuve de gratitude signifie remercier pour ce que l'on détient. Qu'il s'agisse de notre santé, nos biens matériels, nos proches ou nos finances, le plus important réside dans l'expression de la gratitude. Vous allez me dire « envers quoi ou qui faut-il être reconnaissant ? ». Je suis souvent confronté à ce type de question et je donne toujours la même réponse ; « Faites preuve de gratitude envers l'entité que vous souhaitez, l'Univers, l'énergie divine, Dieu, le Créateur, le Seigneur ou tout autre entité ». Le simple fait de remercier régulièrement pour tout ce que l'on possède va avoir un impact positif sur notre mental en augmentant la confiance en soi, via le sentiment d'appartenance. Suite à des études menées en 2015, des médecins de l'hôpital de Boston ont constaté que des patients suicidaires à qui ils avaient donné des exercices les conduisant à ressentir de la gratitude voyaient leur désespoir disparaître dans 90 % des cas. Des psychologues londoniens ont, quant à eux, demandé à leurs patients d'éprouver chaque jour de la gratitude de manière progressive et après deux semaines, cette pratique a eu des répercussions sur le sommeil et sur la tension artérielle. Exprimer de la reconnaissance amène à voir les choses de manière positive, tout en écartant les pensées négatives de notre vie quotidienne. Elle pousse à reconnaître et à admettre qu'il y a du bien dans notre existence.

Que faire ?

Vous souvenez-vous la dernière fois où vous avez fait preuve de gratitude pour les choses que vous possédez? Imposez-vous un rythme journalier et un moment pendant lequel vous remerciez votre entité pour toutes les belles choses qui vous arrivent et que vous avez.

➤ <u>Le voyant de l'amour</u>

Signification

Nous sommes nés avec cette capacité à aimer. C'est une partie intrinsèque de notre intérieur, aucun mode d'emploi ne nous a été fourni pour apprendre à aimer. C'est un phénomène naturel qui provient de notre cœur. Malheureusement, certaines personnes connaissent des enfances (ou expériences) complexes et destructrices et sont convaincues que l'amour est inutile et impossible. Existe-t-il une recette pour « aimer » ? Je suis convaincu du contraire mais des bases sont nécessaires, notamment en termes d'expression sentimentale. Avant de vous proposer quelques idées sur les différentes façons d'aimer, il faut savoir qu'une découverte de taille a été faite durant ces dernières décennies. Suite à de nombreuses recherches, il a été confirmé que le cœur contenait un système nerveux indépendant composé de plus de 40.000 neurones et un réseau complexe de neurotransmetteurs et de protéines. Grâce à ces circuits, le cœur parvient à prendre des décisions et passer à l'action indépendamment du cerveau. Il parvient également à apprendre, se souvenir et même percevoir. En conclusion, l'amour est bien plus qu'une émotion ! C'est un état de conscience intelligente. Tout cela nous amène à la question, « comment réussir à aimer ? ». L'amour n'a pas une destination finale. Il est assimilable à un jardin qu'il faut entretenir, bêcher et éloigner des mauvaises herbes qui viendraient y élire domicile. L'amour devrait être présent dans tous les domaines de notre vie et non pas destiné uniquement à la vie sentimentale. Ainsi, si chacun apprenait à aimer son prochain (ami, voisin, frère, connaissance dans la rue), l'humanité se porterait nettement mieux. Voici mes conseils pour vérifier (ou apprendre) votre capacité à aimer :

1. Apprendre à s'aimer avant tout
2. Aimer les individus de manière inconditionnelle
3. Être ouvert à recevoir de l'amour
4. Apprendre à aimer les différences des autres
5. Aimer sans attendre quelque chose en retour

Que faire ?

Ainsi, dites à vos proches que vous les aimez régulièrement. Réalisez des actions en lien avec l'amour dans votre vie. Apprenez à aimer un inconnu comme vous pourriez aimer un proche ou vous-même.

B. <u>Les voyants oranges (ou émotions réflexions)</u>

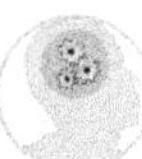

> <u>Le voyant de la nostalgie</u>

Signification

Cette émotion est liée à la mélancolie d'un élément passé. Il peut s'agir du mal du pays, du passé, d'une ancienne rencontre ou d'un passage de sa vie en général. La personne concernée replonge dans son histoire et repense à tous ces moments agréables en se mettant dans une bulle psychologique. Malheureusement, plus la personne entre en profondeur dans son passé et plus le retour à la réalité sera difficile à vivre. La majorité des personnes concernées par ce phénomène sont âgées de la cinquantaine (ou plus) et ressentent ce type d'émotion lors du départ du domicile des enfants ou encore lors du décès du partenaire. Cette période représente dans nombre de cas, la fin des projets de vie, ce qui amène à la nostalgie.

Que faire ?

Accepter sa vie actuelle.

Se focaliser sur le moment présent

Chercher et trouver des projets de vie

> ➢ <u>Le voyant de l'ennui</u>

Signification

L'ennui est perçu comme une émotion négative. Evoluant dans une société à mille à l'heure, nous ne sommes plus habitués à s'ennuyer. Recherchant sans cesse à être « actif », le simple fait de ne rien faire peut s'apparenter à de l'ennui.

Cette émotion renvoie un signal de désintéressement pour une personne, un environnement ou un moment précis. Nous n'arrivons pas à trouver un intérêt réel et de ce fait, notre cerveau « décroche » et cherche un centre d'intérêt ailleurs.

Autre point important, celui du manque de passion. Il arrive fréquemment que les individus soient occupés à faire « ce qu'ils doivent faire » et « ce qu'on leur a dit de faire » comme par exemple, aller au travail (je dois y aller) ou aller chercher les enfants (on m'a dit de le faire) et lorsque le moment d'accalmi se présente, survient l'ennui, tout simplement parce que l'individu ne connaît pas ses passions et ne sait pas comment occuper son temps libre. De ce fait, il va chercher, soit à recevoir des directives (que dois-je faire encore ?) soit à « passer le temps » via les réseaux sociaux par exemple (un mix entre recherche de reconnaissance et de curiosité sociétale).

L'émergence des smartphones et plus particulièrement des réseaux sociaux, nous permet inconsciemment d'échapper à cette émotion qui nous dérange. Hors, nous devrions profiter de ces moments pour méditer, se recentrer sur nous-même et profiter du moment présent pour prendre conscience de la chance que nous avons d'être dans cet état actuel.

Que faire ?

- Méditez en prenant conscience de qui vous êtes et en profitant pleinement de ce moment de sérénité.

- Mettez vos baskets et sortez, dans l'optique de pratiquer une activité sportive. Allez marcher en forêt pour oxygéner votre cerveau, courez pour éliminer les toxines, faites un sport qui vous tient à cœur et qui vous passionne.

- Faites un point général sur votre vie (financier, personnel, professionnel, amical, familial) à l'aide de ce type de schéma. Vous pouvez l'appliquer dans n'importe quelle situation. Il permet de prendre de la hauteur sur une situation donnée et aide à faire les bons choix.

Les +	Les -

Il existe de nombreuses méthodes pour palier à l'ennui mais toutes sont liées à l'ACTION et à l'INTERET.

Rien n'est si insupportable à l'homme que d'être dans un plein repos, sans passions, sans affaire, sans divertissement, sans application. Il sent alors son néant, son abandon, son insuffisance, sa dépendance, son impuissance, son vide. Incontinent il sortira du fond de son âme l'ennui, la noirceur, la tristesse, le chagrin, le dépit, le désespoir.

Blaise Pascal

> ## Le voyant du doute

Signification

La situation de doute est caractérisée par une réelle indécision. L'individu se positionne dans une phase d'incertitude et ne sait pas comment réagir. Afin de combler ce ou ces doute(s), le cerveau va devoir rechercher une solution concrète et précise qui rassurera la personne. Ce processus demande un épuisement mental et donc une utilisation d'énergie intense. Le doute peut également concerner une situation douteuse, basée sur le soupçon. Enfin, le doute peut être externe (qui concerne un élément qui nous est extérieur), comme nous le venons de voir, mais également interne (doute par rapport à notre personnalité, notre estime). La principale force du doute est celui de la paralysie car il représente souvent, un élément bloquant pour tout type de personne.

Que faire ?

1. Identifier la cause réelle du doute : d'où vient-il ?

- Manque de confiance en soi ? Peur de l'échec ?

Vous doutez de pouvoir surmonter un examen ou un entretien d'embauche ?

- Manque de confiance aux autres ?

Vous avez des doutes quant à la franchise de votre partenaire ?

2. Passage à l'action

Que vous soyez en face d'un doute qui concerne votre confiance en vous ou en un élément externe, la véritable et unique solution est le passage à l'action. Le doute devient, à long terme, destructeur et la réflexion prolongée viendra vous pourrir de l'intérieur. Vous pouvez avoir des moments de doute parce que nous sommes des êtres humains imparfaits, mais pour connaître ce qui se passe derrière ce doute, rien de mieux que de le surmonter et d'aller vérifier ce qu'il se passe derrière cette barrière.

Exemple :
« Je ne sais pas si je détiens les compétences nécessaires pour devenir secrétaire. »

Dans ce cas précis, le doute vous détruit, ou plutôt... VOUS VOUS DETRUISEZ. Il vous suffit de postuler pour en avoir le cœur net. Et si vous n'avez pas de réponse ? Contactez la société une semaine plus tard pour avoir des nouvelles et allez jusqu'au bout du processus pour avoir une réponse définitive. Un Oui ou un Non. Dans les deux cas vous éliminerez définitivement le doute de votre mental.

3. « Et dans le pire des cas ? Que se passerait-t-il ? »

En vous questionnant de la sorte, vous allez réaliser que dans la plupart des cas, il s'agit uniquement de supposition que vous avez créée depuis votre cerveau et que vous ne courrez aucun (ou très peu de) risque à élucider votre doute.

Le plus important est de se préparer psychologiquement à une bonne ou une mauvaise nouvelle et de les accepter en changeant le regard que vous avez de l'échec. N'oubliez pas qu'il est un bienfait pour notre existence et qu'il nous aide à nous mettre sur le bon chemin. De ce fait, vous gagnerez en confiance et vous éliminerez les situations de doute.

> <u>Le voyant de l'anxiété</u>

Signification

Il existe deux typologies d'anxiété :

- l'anxiété à niveau normal qui affecte la plupart des êtres humains à différents moments de son existence. Elle peut se produire quotidiennement mais reste à un niveau supportable, sans handicaper son existence de manière profonde.

- le trouble de l'anxiété (ou anxiété excessive), quant à lui, emprisonne la personne pendant ses journées et lui empêche d'avoir un rythme de vie serein.

La résultante de l'anxiété se définit, par exemple, par un sentiment de perte de contrôle, de peur en l'avenir, de phobie social (et donc d'évitement) ou encore de compulsivité.

Que faire ?

Dans le cas d'anxiété dite «normale», il est conseillé de pratiquer des exercices réguliers de respiration profonde, au moment où l'anxiété survient ou encore de pratiquer une activité relaxante comme le Yoga.

Afin de prendre du recul et de comprendre les situations d'anxiété, munissez-vous d'un cahier dans lequel vous noterez la cause profonde de votre anxiété. Une fois noté, prenez du recul et vous constaterez que dans la plupart des cas, la supposition que votre mental aura créée, ne se sera pas avérée. Il vous aura uniquement mis en garde par rapport à une situation spécifique. Prenez cela comme un signal que vous envoie votre intérieur pour vous protéger. Dans le cas de trouble d'anxiété qui perdure depuis un laps de temps assez long menant à des crises de panique, il est préférable de consulter un coach qui saura vous guider sur le chemin de l'amélioration. Ayez le courage de passer le cap de la première consultation et vous serez en marche vers l'apaisement.

> <u>Le voyant de la tristesse</u>

Signification

La tristesse est une émotion étroitement liée à la perte, à un désespoir ou à un chagrin. Elle est l'une des étapes primordiales du processus du deuil (voir ci-dessous) et se présente souvent sous forme de repli sur soi, de visage fermé et/ou de pleurs.

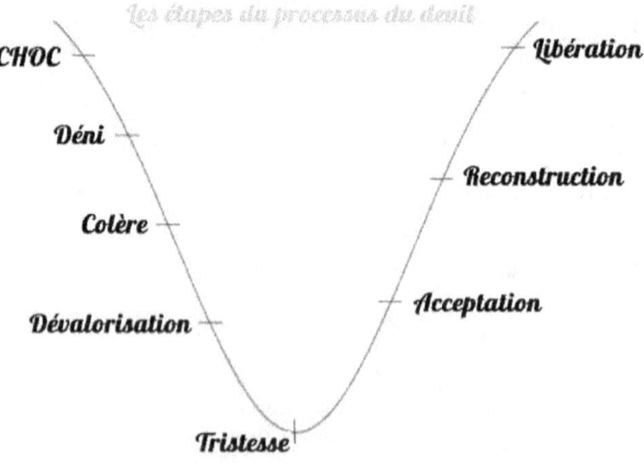

La vraie solution contre la tristesse réside dans la prise de conscience de sa position sur la courbe ci-dessus. Lorsque nous abordons le terme de « deuil », il désigne aussi bien un décès qu'un licenciement, une rupture ou un divorce. Il est possible également de se retrouver sur cette courbe suite à une déchirure amicale, l'éloignement d'un ami ou d'un proche. Comme nous pouvons le constater, la courbe est découpée en trois parties : la première descendante, marquée par le négativisme et le sentiment de ne pas réaliser ce qui arrive ; puis la deuxième, caractérisée par « le creux de la vague » dans laquelle on entame la troisième phase ascendante, qui demande des efforts conséquents mais qui sera synonyme de changement positif.

La phase de choc

C'est le moment où l'incident survient. Elle peut survenir suite à une préparation mentale (annonce de licenciement économique quelques mois avant, longue maladie menant au décès) mais également de manière soudaine. La personne connaît une pénétration spirituelle, psychologique et émotionnelle du choc.

La phase du déni

Lors de cette phase, l'individu ne veut pas reconnaître ce qui lui arrive. Il est incrédule face à la situation et se pose des questions du type « Ce n'est pas possible », « cela n'a pas pu arriver », « je n'y crois pas ».

La phase de colère

Une fois la phase de déni quittée, la personne commence à faire face à la réalité et recherche le responsable de son choc. Elle s'énerve, sors de ses gonds et ressent le besoin d'extérioriser ses émotions avec des phrases du type « Il n'avait pas le droit de faire cela », « Quel fumier ! ».

La phase de dévalorisation

Pendant cette étape, la personne se rabaisse, se remet en question et se dévalorise avec des phrases telles que « J'ai été stupide et naïve. Comment ai-je pu la croire ? » ou « Je n'ai pas fait mon maximum pour l'aider, j'aurais certainement pu faire davantage » ou encore « je ne suis qu'une bonne à rien, ce n'est pas la première fois que cela m'arrive, je ne suis qu'une imbécile ».

La phase de tristesse

C'est ce qu'on appelle « la fin de la descente aux enfers ». Les évènements difficiles à surmonter sont passés et l'individu doit faire face à la réalité, parfois la solitude et la remise en question de sa vie en général. Elle passe de longs moments de solitude, de pleurs, de tristesse profonde et essaie de s'entourer de ses amis en recherchant une branche sur laquelle s'accrocher pour sortir de ces sables mouvants. Elle pense souvent au choc initial et ne sait pas comment faire pour s'en sortir, elle se sent désemparée et à l'impression de se trouver dans un tunnel sans issue. Cette situation me fait penser à une personne que j'ai rencontrée courant 2019 que nous appellerons Laetitia. Laetitia a perdu son mari courant 2016 et malgré son entourage fantastique, elle ne parvient pas à remonter la pente. Elle vit littéralement dans le passé, se remémore des moments avec son cher et tendre époux et ressent le sentiment de ne pas avoir fait tout son possible pour l'aider à lutter contre la maladie. En lui montrant la courbe du deuil et en la plaçant précisément sur cette dernière, Laetitia a pris conscience qu'une porte de sortie était possible et existante, ce qui lui a redonné espoir. Elle a enfin pu réaliser les étapes qui lui restaient à franchir pour se libérer. Dans certains cas, il suffit seulement de se situer et que quelqu'un vous donne l'espoir en vous montrant la direction de la sortie. S'extirper de cette situation n'est possible qu'à une condition : ne pas émettre de résistance au changement.

La phase d'acceptation

A partir de cette phase, l'acceptation s'invite dans le mental de la personne. Elle commence à accepter et à se faire à l'idée que l'évènement est passé et qu'il faut avancer. La phrase type de cette phase est la suivante : « J'ai été licencié mais maintenant je dois passer à autre chose, dans tous les cas, je ne peux pas revenir en arrière » ou encore « maintenant il est décédé et je n'ai plus de levier d'action. Que je sois triste ou pas, cela ne le fera pas revenir ».

La phase de reconstruction

La reconstruction est une phase clé de la courbe du deuil. C'est à ce moment que la personne commence à « voir le bout du tunnel ». Elle est en quête de sens et de renouveau. Elle l'exprime en argumentant avec des phrases telles que « grâce à ce qui m'arrive, je vais pouvoir... », « Tout compte fait, c'est une chose positive», « c'est un mal pour un bien ».

La phase de libération

Vient enfin la dernière étape qui représente la sortie du tunnel, l'individu ressent à nouveau l'envie de faire certaines choses, elle découvre à nouveau le plaisir, la passion via ses loisirs. Elle termine la phase de deuil en

« cicatrisant » définitivement l'évènement initial, sans pour autant l'oublier.

Pour conclure avec la courbe du deuil, je tiens à rappeler qu'elle obéit à la Loi des cycles. Tout est destiné à changer, après l'hiver, vient le printemps puis l'été et enfin l'automne ; après la nuit vient le jour ; la naissance finit inévitablement par la mort. Les moments difficiles existent pour nous renforcer, nous faire ouvrir les yeux, voir les choses différemment ou encore pour nous mettre sur le bon chemin de vie. Si vous êtes actuellement sur la courbe du deuil, sachez que tout est destiné à changer. Il suffit de le vouloir et de ne plus manifester de résistance à l'égard des messages que notre esprit nous envoie.

> <u>Le voyant de la honte</u>

Signification

Cette émotion est caractérisée par un sentiment de gêne, d'humiliation ou d'incohérence avec soi. Elle provient de son environnement extérieur ou de son propre intérieur :

- Honte liée à un élément extérieur : dans certains cas, une ou plusieurs personnes peuvent venir nous impacter et provoquer une honte qui se traduit par un abaissement, une atteinte à notre dignité ou encore une atteinte à notre honneur.

- Honte liée à un élément intérieur : cette typologie de honte se caractérise par une action entreprise qui serait indigne de notre « moi ». Elle est étroitement liée à la timidité, au manque de confiance en soi et à la peur que la situation tourne au ridicule.

Que faire ?

Conseil 1 :
Identifiez la ou les situations qui provoquent la honte.
Ex : en présence d'une personne qui nous plaît beaucoup ?
Honte de parler en public ? D'aller vers les autres ? Honte de
porter des vêtements qui me plaisent vraiment ?

Conseil 2 :
Abandonnez ce sentiment de recherche de la perfection.

Conseil 3 :
Acceptez-vous comme vous êtes avec vos qualités mais
également vos défauts.

Conseil 4 :
Eliminer l'impact du regard des autres sur votre personne
en vous disant « je m'en fiche de ce qu'il pense »

C. **<u>Les voyants rouges (ou émotions réactions</u>)** 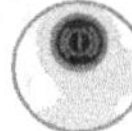

> <u>Le voyant de la peur</u>

Signification

Le voyant de la peur intervient pour vous signaler un
danger, une alerte ou une menace physique ou
psychologique. Plusieurs réactions s'identifient à la peur
comme la fuite, le tremblement, une « boule au ventre » ou
encore une accélération cardiaque. La plupart du temps,
l'émotion de la peur est liée à une crainte qu'un évènement
se produise, ce qui entraine des réactions qui perturbent
voire qui tétanisent.

Avant d'entamer le prochain paragraphe, faisons l'impasse sur les deux typologies de peur principales à discerner.

> La peur « utile »

Cela paraît étrange mais cette catégorie de peur est vitale car elle nous permet de préserver notre bonne santé physique et psychique. Prenons l'exemple d'un piéton qui traverse la route subitement alors que nous sommes au volant de notre automobile; notre première émotion sera celle de « la peur de le heurter » et de créer un accident qui pourrait nous mettre en danger également. Un autre exemple que nous pourrions aborder serait de se retrouver face à un félin en pleine savane ; suite à une peur de se faire dévorer et de trouver la mort, nous allons fuir pour se mettre à l'abri. Ces types de peur sont salvatrices car elles nous permettent de nous protéger dans notre quotidien.

Abordons à présent la partie qui nous intéresse le plus ; celle des peurs « inutiles » qui handicapent et freinent l'évolution des individus.

> La peur « inutile »

Il est primordial de reconnaître que dans la plupart des cas, nos peurs sont d'ordre « inutiles» et nous amènent à un blocage psychique. Pour vous aider à les reconnaître et à mettre le doigt dessus, il est important de les comprendre :

1. *la peur de la solitude*

Signification

Ce phénomène est souvent ressenti dans le cadre sentimental. Le simple fait de s'imaginer seul et séparé de son partenaire (suite à un divorce, une séparation ou une mort) induit une peur de se retrouver seul.

Que faire ?

Etape 1 : acceptez le fait que la solitude est passagère

Etape 2 : voyez l'aspect positif de la situation et profitez de ce moment pour vous retrouver avec votre intérieur.

Etape 3 : respirez profondément. Il existe des exercices pratiques sur Internet qui facilitent le recentrage sur soi.

Etape 4 : répétez-vous « cette situation est passagère. Je suis convaincu que d'ici peu, cette solitude disparaîtra et je profiterai de la vie avec les personnes que j'aime ».

Etape 5 : sortez, rencontrez de nouvelles personnes, adonnez-vous à des activités qui vous passionnent.

2. *la peur de la pauvreté*

Signification

Dans la course effrénée à la consommation de nos sociétés actuelles, l'être humain est de plus en plus avide aux « plaisirs » qui s'achètent. Il veut de plus en plus et toujours plus grand. De nombreux foyers se dirigent, sans s'en rendre compte, vers un rythme de vie effréné qui demande beaucoup d'argent, des crédits qui se cumulent, suivis par une peur grandissante de la pauvreté. Cette émotion peut également être à l'origine d'une situation vécue dans son enfance (pauvreté ponctuelle, situation liée au manque).

Que faire ?

D'après un récent sondage (2018) effectué par l'organisme IFOP, 55% des français craignent la pauvreté et ressentent une peur de devenir pauvre. Cette peur s'explique par le manque de visibilité de l'avenir et le manque de matelas financier qui permet de se rassurer.

Etape 1 : revoir sa gestion financière (épargnez 10% de ce que vous gagnez. Oui c'est possible ! Faites comme si cet argent ne vous a jamais été versé et mettez en place un virement automatique sur un compte.)

Etape 2 : Prenez une feuille blanche et créez un plan précis à moyen terme. Qui souhaitez-vous devenir dans cinq ans ? Où serez-vous ? Combien gagnerez-vous ?

Etape 3 : Relativisez la situation dans laquelle vous vous trouvez. Si vous êtes sans emploi, passez à l'action et partez à la recherche d'une nouvelle activité. Il existe près de quatre millions d'entreprises en France, dont au moins une qui vous attend. Dans le cas où vous êtes en activité, la peur de la pauvreté se traduit par un salaire qui ne vous satisfait pas. Dans ce cas, il suffit de chercher à gagner davantage d'argent. Cela vous demandera certainement plus de travail, mais comme le dit le dicton « nous n'avons rien sans rien ».

Etape 4 : Prenez du recul sur le mot « pauvreté ». Il convient de distinguer les deux définitions du mot « pauvre ». Se trouver en dessous du seuil de pauvreté du pays dans lequel l'on se trouve et le fait de se retrouver démuni dans la rue. Dans la plupart des cas, quand on parle de pauvreté, le cerveau nous envoie l'image d'une personne mal vêtue, mendiant dans la rue, la main tremblante et titubante de droite à gauche. Si votre imaginaire vous joue ce type de tour, le chiffre suivant devrait vous rassurer. En 2019, en France, 0,3% de la population est sans domicile fixe.

3. *la peur de la critique*

Signification

Cette peur trouve son origine dans la faible estime de soi. Le regard des autres devient pesant et crée de multiples peurs qui vont saboter le cerveau de l'individu et l'empêcher de vivre sa vie pleinement.

Que faire ?

Etape 1 : Voir le verre à moitié plein et accepter la critique et se poser la question « que puis-je en tirer de positif de cette remarque ? Comment puis-je m'améliorer ? »

Etape 2 : Si la critique n'a aucune connotation utile, il faut se répéter la phrase suivante « Cette personne a le droit de penser cela de moi mais cette idée ne concerne qu'elle. Cette critique ne m'atteint pas car il s'agit seulement du point de vue d'une seule personne. De plus, je m'aime et je continuerai à m'aimer comme je suis».

Etape 3 : Ne pas en vouloir à cette personne et la pardonner. Le pardon a la vertu de se décharger d'un poids interne. Peu importe la critique que vous recevez, ne la prenez pas au premier degré et pardonnez. La personne que vous aurez en face de vous sera surprise de votre réaction et vous vous sentirez mieux.

4. *la peur de la maladie*

Signification

Le passé familiale est dans souvent des cas à l'origine de la peur de la maladie. Elle est le fruit d'une souffrance intérieure vécue lors d'expériences passées, souvent pendant l'enfance. Un ou plusieurs décès suite à une maladie vont venir graver une douleur et installer cette peur. Ainsi, l'individu sensible à la maladie a en lui la graine de « la peur de la maladie » et vivra avec une crainte constante d'être victime ou de développer une maladie. On parle alors de nasophobie.

Que faire ?

Conseil 1 :
Se rassurer en effectuant des tests de santé régulièrement.

Conseil 2 :
Se concentrer sur le moment présent et ne pas penser sans cesse à ce qui pourrait se passer demain. Il s'agit là d'un des secrets du bonheur ultime car le passé peut faire souffrir car il n'existe plus et le futur est incertain et donc fait d'incertitude.

5. *la peur de l'échec*

Signification

Cette variante de la peur est l'une des plus tétanisantes et représente un véritable blocage pour l'accès à l'épanouissement personnel. Son origine provient des expériences passées liées à plusieurs échecs, vécues personnellement ou dans son entourage. Elle se traduit par des autosuggestions du type « ce n'est pas la peine d'essayer, je n'y arriverai pas », « cette aventure sera trop difficile à affronter, je laisse tomber »

Que faire ?

Etape 1 : croire en Soi et en ses capacités.

Etape 2 : se poser la question suivante « si les autres ont réussi, pourquoi ne puis-je pas réussir également ? »

Etape 3 : ne pas centrer ses actions sur l'avis des autres. Si vous souhaitez faire quelque chose, faites-le. Votre propre apprentissage vaut de l'or et aucun avis extérieur ne peut vous fournir une telle expérience.

Etape 4 : Installer le « logiciel Mandela » dans son cerveau. Nelson nous a laissé en héritage, une des plus belles phrases de l'humanité : « Je ne perds jamais. Soit je gagne, soit j'apprends ». Cette citation a pour vocation de surmonter la peur de l'échec.

Etape 5 : Agir. Un point c'est tout.

6. *la peur de la mort*

Signification

La thanatophobie (peur de la mort), et comme la plupart des peurs, prend vie essentiellement pendant l'enfance. L'enfant a connu des décès dans son noyau familial proche et a assimilé la mort à une peur profonde (personnes qui pleurent, crient et angoissent). La personne souffrant de cette peur constante ne parvient pas à vivre sa vie pleinement. Elle a le sentiment d'avoir une épée de

Damoclès suspendue au-dessus du crâne et que la fameuse échéance approche chaque jour qui passe.

Que faire ?

Conseil 1 :
Se poser à haute voix cette question : « La mort est-elle un élément que je peux maîtriser ? ».

Conseil 2 :
Dédramatiser l'idée de la mort. Dans tous les cas, la mort est inévitable. Au lieu de perdre des précieux instants à vous focaliser sur un élément que vous ne maitrisez pas, profitez de la vie au jour le jour.

Conseil 3 :
Si vous pouvez lire ces mots, cela veut dire que vous êtes en vie et que toutes les fois où vous avez ressenti la peur de la mort ont été inutiles et que vous vous êtes trompés mainte et mainte fois. Continuez à vous tromper.

> ➢ <u>Le voyant de la colère</u>

Signification

La colère est une émotion primaire qui traduit une insatisfaction générale de la situation que l'on vit. Elle vient impacter notre équilibre et est vécue comme la présence d'un obstacle sur notre chemin. De l'exaspération, en passant par le mécontentement ou l'emportement, la colère peut faire surface de différentes manières. La colère sert à faire comprendre à notre interlocuteur que sa façon d'agir ne correspond pas à notre façon de voir les choses mais elle mobilise beaucoup de notre énergie.

Quatre réactions différentes de colère se distinguent :

- La colère dite « étouffée » : cette colère concerne les personnes timides ou qui ressentent des difficultés à se défendre. L'individu est littéralement incapable de se mettre en colère mais va la camoufler.
- La colère froide: la personne concernée par ce type de colère va isoler sa colère dans son intérieur et la retourner contre elle-même. Les effets de cette typologie de colère peuvent avoir un impact sur la santé du sujet concerné et développer des symptômes graves comme des ulcères.
- La colère déviée (ou défléchie) quant à elle, décrit une colère qui ne va pas en direction de la source du problème. Prenons l'exemple d'un ouvrier qui rentre à son domicile après un différend avec son supérieur et qui s'en prend à ses enfants. La source de la colère est d'ordre professionnel mais elle sera déversée auprès de son entourage.
- La colère excessive (ou hypertrophiée) désigne une colère très forte et souvent disproportionnée par rapport à la situation donnée. Elle entraine souvent des actes de violence.

« Rester en colère c'est comme saisir un charbon ardent avec l'intention de le jeter sur quelqu'un ; c'est vous qui vous brûlez »

- Bouddha

Que faire ?

Conseil 1 :
Mettre des mots sur la situation pour décrire vos ressentis.

Conseil 2 :
Anticiper au maximum une anticipation pour éviter de se retrouver face à des situations qui induiraient des réactions colériques.

Conseil 3 :
Avant de se mettre en mode « colère », il convient de vérifier la véracité des propos entendus en communiquant.

Conseil 4 :
Optez pour l'exercice de la cohérence cardiaque qui permet d'équilibrer nos différents systèmes internes (cardiaque, nerveux, endocrinien, immunitaire)

> Le voyant du désespoir

Signification

Le désespoir se traduit par une perte partielle ou totale d'espoir dans une situation donnée. L'individu a l'impression de ne plus avoir de portes de sortie et perd le contrôle en ressentant une impuissance qui peut l'amener à des souffrances plus profonde comme la dépression. Il convient de distinguer deux typologies de désespoir ; la première liée à un « désespoir sans levier » dans laquelle aucune issue n'est possible (exemple : maladie incurable) ; et la deuxième qui est liée à un « désespoir à renversement » (exemple : un découragement face à une énorme tâche à réaliser, la perte d'un emploi), qui elle, est modifiable soit en exécutant une action spécifique, soit avec le temps et donc la patience.

Que faire ?

> ➢ Le « désespoir sans levier » se traite par l'acceptation. On connaît l'issue irrémédiable de la situation et un mélange de colère, peur et tristesse nous inonde.
> Dans ce cas, il faut suivre ce protocole afin de prendre du recul:

Etape 1 : Se poser la question « que puis-je faire pour éviter cette situation future ? ».

Etape 2 : « Ai-je fait mon maximum pour éviter tout regret futur ? ».

Etape 3 : Se répéter que la traversée de la tempête est inévitable mais passagère (voir courbe du deuil).

Etape 4 : Rester capitaine de son navire et ne pas rester dans la tempête trop longtemps, au risque de sombrer.

> ➢ Le « désespoir à renversement », quant à lui se révèle plus facile à traiter. Les étapes à suivre sont les suivantes :

Etape 1 : Décrire la situation de désespoir sur papier en se demandant « pourquoi suis-je désespéré ? ». Comme dans la plupart des cas, le fait de restituer ses ressentis à l'écrit permettra de prendre conscience des circonstances.

Etape 2 : Appliquer « la loi du centimètre » qui consiste à ne pas vouloir gravir une montagne en une journée mais pas à pas, centimètre par centimètre et réaliser qu'avec beaucoup de patience et de persévérance, vous finirez par la surmonter.

Etape 3 : Trouver la solution au désespoir et passer à l'action IMMEDIATEMENT en se fixant des objectifs.

> *« La source des émotions est en nous et non pas dans les événements qui les provoquent »*

> Henri Boucher

Chapitre IV
Devenir maître de ses émotions

Super mantra
Jour 5

(À répéter à haute voix et avec conviction)

« Dès à présent, je fais le nécessaire pour me libérer de mes émotions négatives en les reconnaissant une par une. Je deviens pilote de mon intérieur et je suis le maître de mes ressentis ».

Action pour couper le barreau

- ➢ JE SUIS CONSCIENT DES EMOTIONS QUE GENERE MON CORPS
- ➢ CHAQUE EMOTION CORREPOND A UN SIGNAL QU'IL M'ENVOIE
- ➢ A PARTIR DE MAINTENANT JE DEVIENS MAITRE DE MES EMOTIONS

Elimination du troisième barreau

Chapitre V
La zone de confort

Le schéma ci-dessous représente la zone de confort et ses différentes étapes. Les personnes qui installent une routine constante se retrouvent dans la première sphère « Zone de confort ».

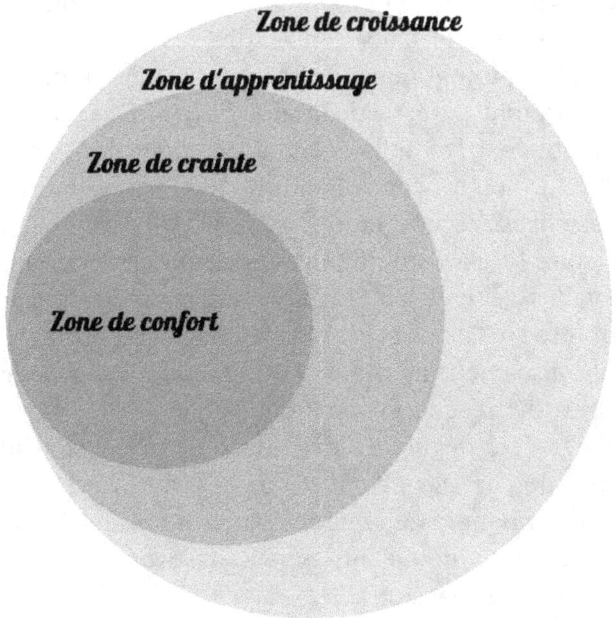

A. <u>Zone de confort</u>

Cette zone est la plus rassurante car elle est connue, stable et nous maîtrisons donc tous ses aspects. Elle représente la cage dans laquelle se trouve le lion. Dans la plupart des cas, il est confortable d'y être mais peu de choses nouvelles s'y passent. C'est ce qu'on appelle « la routine » qui vous apporte cette sensation de sécurité car vous connaissez toutes les facettes de cet environnement. Elle représente l'ensemble de vos habitudes, croyances et règles que vous avez établies depuis plusieurs années. En revanche, le simple fait de connaître cette zone n'induit pas automatiquement un sentiment de bien-être. En effet, on peut « s'habituer » à une zone de confort qui nous rend sans cesse malheureux sans s'en rendre compte et de s'y ancrer en mode automatique, par peur du risque ou de l'inconnu. Bien entendu, la sortie de la zone de confort et la découverte d'un nouveau monde excitant se font progressivement. Sortir de cette zone n'induit pas un oubli total des expériences vécues et des personnes côtoyées, bien au contraire ! Cela signifie faire de nouvelles expériences, de nouvelles rencontres afin de rendre sa vie (encore plus) excitante ! Tout cela passe par ce que j'appelle « l'élargissement mental » qui démarre par la curiosité. Le simple fait d'écouter un nouveau style de musique, de cuisiner (ou déguster) des mets d'autres continents ou encore de changer de sport vous permettra d'ouvrir votre esprit et amènera du piment à votre quotidien. La recherche continue de la nouveauté amène au progrès, à l'ouverture d'esprit et à la passion.

Conseil :

- Prendre du recul et se poser la question « Que puis-
je faire au quotidien pour sortir progressivement de
ma zone de confort afin de découvrir de nouveaux
horizons ? »

Impossible de parler de la zone de confort sans faire
l'impasse sur le chef d'œuvre du psychologue américain
Abraham Maslow. J'ai jugé nécessaire de revisiter certains
aspects de la pyramide et de la mettre au goût du jour,
notamment en ajoutant le « Besoin d'ouverture » et en
parlant du « Besoin de transcendance ». Avant de définir
chaque partie de cette matrice, il convient d'en connaître la
notice d'utilisation. Chaque individu sur Terre se positionne
sur un des échelons. Maslow considérait chaque étape
comme l'avancée logique de l'existence humaine, se
déroulant de manière progressive. En effet, chaque besoin
ne s'exprime pas de manière brute et subite mais bel et bien
en douceur. Par exemple, lorsque les besoins physiologiques
sont satisfaits à 80%, il aspire à découvrir l'étape suivante et
ainsi de suite. Nous pouvons apparenter cela au phénomène
du lever du soleil qui s'effectue lentement et de manière
évolutive.

Ainsi la pyramide de Maslow se schématise de la manière
suivante :

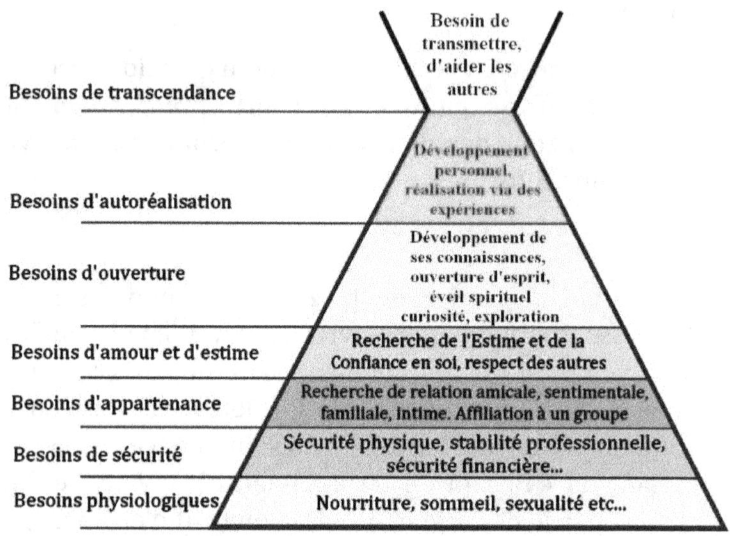

- les besoins physiologiques représentent la base de l'existence avec la nécessité de se nourrir, de se reposer, d'avoir une vie intime etc...

- les besoins de sécurité quant à eux représentent le besoin de se sentir protégé. Par exemple, le fait de savoir que notre pays dispose de forces de l'ordre prêtent à nous protéger va nous rassurer dans notre quotidien. Autre exemple, le simple fait d'avoir une épargne a un impact sur la vie de tous les jours car elle apporte un sentiment de sécurité face à un éventuel imprévu.

- les besoins d'amour et d'estime représentent la quête de l'affection, de la confiance en soi, de l'amour propre et pour les autres.

- les besoins d'ouverture s'apparentent à l'enrichissement psychologique qui se manifeste par une curiosité accrue, l'envie d'explorer, de grandir et de développer ses connaissances.

- les besoins d'autoréalisation se schématisent par l'envie profonde de se développer personnellement, de progresser, de devenir la meilleure version de soi-même.

- les besoins de transcendance, quant à eux traduisent une volonté manifeste d'aider les autres et l'humanité, de transmettre quelque chose et de laisser une trace de son passage sur Terre.

Mais tout cela est possible seulement si l'on surmonte la...

B. <u>Zone de crainte</u>

Une fois qu'un individu ressent un sentiment de ras-le-bol régulier, il va tenter de sortir de cette zone qui ne lui convient plus, souvent par tâtonnement. Cette démarche demande beaucoup de courage, de détermination et de volonté. Pour atteindre cette sphère, il est indispensable de passer le cap. L'individu sort des sentiers battus et prend des risques. La peur s'installe, la crainte de la nouveauté et un certain inconfort font surface dans l'esprit de la personne concernée. Malheureusement, dont nombres de cas, l'individu qui fait le saut en quittant la zone de confort, n'y reste pas très longtemps par peur de l'inconnu et retourne dans sa sphère de « confort ». Afin de s'habituer à ce nouvel espace, la personne doit faire preuve de persévérance et y rester pour s'acclimater à son nouvel environnement. Nous pourrions également illustrer ce propos en prenant comme exemple une personne à la plage souhaitant entrer dans l'eau après deux heures d'exposition intense au soleil. Que se passerait-il dans la plupart des cas ? Une fois le pied dans l'eau, la personne a deux choix :

- continuer son intégration dans l'eau progressivement puis sentir un rafraîchissement bénéfique pour son corps en faisant preuve de patience.

- ressortir de l'eau en se disant qu'elle n'y arrivera jamais et qu'il vaudrait mieux retourner au soleil.

Conseil :

Répétez-vous qu'il est normal de ressentir un inconfort et des craintes dans cette zone. Que ce soit une peur de l'échec, du regard des autres ou toute autre crainte, dites-vous que ce n'est que passager. Une fois habitué, vous aimerez la nouveauté.

« Tout changement dérange, jusqu'au moment où l'on s'y habitue. »
Giuseppe Conti

C. <u>Zone d'apprentissage</u>

Dans cette zone, l'objectif tourne autour de l'acquisition de nouvelles compétences afin d'atteindre la vie que l'on souhaite réellement. Elle demande une remise en question de qui l'on veut devenir vraiment, ceux à quoi nous aspirons dans notre vie et à étudier nos passions et nos rêves. Pour connaître cette montée en compétences, différents moyens peuvent être déployés comme les vidéos internet, les livres, la participation à des séminaires (notamment ceux que j'organise disponibles sur giuseppeconti.fr), acheter ou participer à des formations. Votre développement est un réel investissement en temps et en argent sur le long terme, pour devenir la meilleure version de vous-même. N'hésitez pas à acheter des livres et tout autre support qui vous permettront d'apprendre de nouvelles choses car le meilleur investissement et celui que l'on réalise sur soi.

Conseil :

Se documenter, développer la soif d'apprendre via l'achat d'ouvrages, de formation ou en participant à des évènements qui vous inspirent.

D. <u>Zone de croissance</u>

Une fois formé et sorti de sa zone de confort, de crainte et d'apprentissage, arrive la phase de croissance. Vous vous sentez nettement mieux, clairement vous-même et avez cette soif continue d'apprendre. Il est grand temps de grandir définitivement en s'appuyant sur un formidable outil qui nous a été offert par le peuple japonais, à savoir le « IKIGAI ».

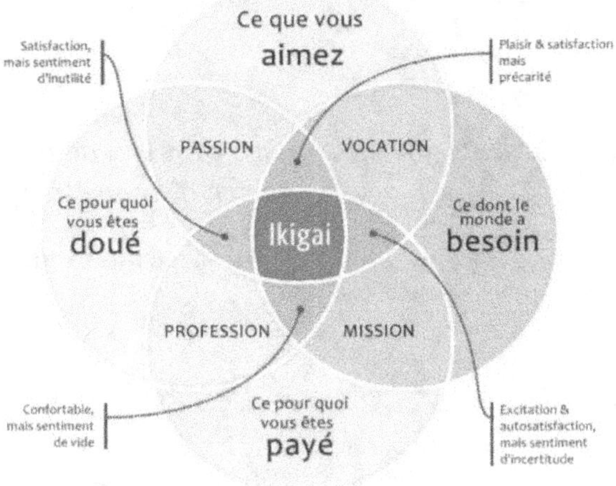

Etape 1 : Se remémorer ce que l'on aime profondément (exemple : l'équitation).

Etape 2 : Cerner ce dans quoi nous sommes doués, les dons qui nous ont été faits par la nature. (Exemple : monter à cheval, en prendre soin, le contact avec l'animal).

Etape 3 : Trouver ce pour quoi nous pouvons être payés. (Exemple : créer un centre équestre dédié à la pension des chevaux).

Etape 4 : Le tout doit être utile à l'humanité, au monde en général. (Exemple : la pension pour chevaux servira à l'épanouissement de dizaines de personnes qui souhaitent monter à cheval mais qui ne détiennent pas les infrastructures nécessaires pour en accueillir un).

Une fois toutes ces étapes couchées sur papier, vous atteignez le centre de la matrice, à savoir l'IKIGAI qui se définit par la « joie de vivre » et la « raison d'être »

« Sortir de sa zone de confort, c'est être acteur de sa vie. Y rester, c'est en être spectateur. »

Nanan-akassimandou

Chapitre V
Sortir de sa zone de confort

Super mantra
Jour 6

(À répéter à haute voix et avec conviction)

« Ma vie est unique et passe très rapidement. La durée de vie moyenne d'un être humain est de 85 ans sur une planète vieille de 4,5 milliards d'années. Je suis venu sur terre pour accomplir une mission. Mon Etre profond la connaît depuis toujours et elle ne demande qu'à être mise en lumière. Dès à présent, je m'engage à faire ce que j'aime, ce dont le monde a besoin, ce dont je suis doué et ce pour quoi je peux être payé. »

Action pour couper le barreau

- ➢ JE NE SUIS PAS UN ARBRE
- ➢ J'AI LES CAPACITES PSYCHOLOGIQUES ET PHYSIQUES DE CHANGER MA SITUATION
- ➢ JE DEVIENS COURAGEUX
- ➢ JE FAIS TOUT MON POSSIBLE POUR ME POSITIONNER AU CENTRE DE L'IKIGAI

Elimination du quatrième barreau

Chapitre VI
Les nouvelles habitudes

Entamons à présent un chapitre qui est tout aussi important que les précédents. Nous allons nous attaquer au barreau des habitudes. Tout d'abord, qu'entendons-nous par « habitude » ? On les définit comme étant des actions que l'on répète sans cesse et qui deviennent automatiques. Nous pouvons parler de répétitions robotiques. Pourquoi robotique ? Tout simplement car, dans la plupart des cas, nous les exécutons sans les remettre en question et de manière régulière. Elles émanent de notre éducation et de notre environnement. L'objectif de ce chapitre est de faire un inventaire sur ces habitudes et prendre de la hauteur sur leur avantage ou leur inconvénient. Vous allez établir de manière autonome, un récapitulatif de ce que vous faites tous les jours et déterminer leur impact sur votre vie.

A. Alimentation

Bien entendu, ce paragraphe n'a pas comme vocation à donner un cours de nutritionniste approfondi. Il s'agit seulement de mettre en exergue les habitudes alimentaires que vous avez développées durant votre existence ou que vous avez héritées de vos ascendants.

Conseil n°1 :

Lorsque vous consommez un aliment ou une boisson, ayez le réflexe d'adopter une attitude « consciente ». Nous avons appris à exprimer notre point de vue sur un aliment par rapport au fait qu'il soit bon (à notre goût) ou pas bon (qui ne nous plait pas gustativement). En revanche, qu'en est-il des bienfaits de certains aliments au-delà de nos papilles gustatives ? Une fois avalé, que se passe-t-il dans notre organisme suite à l'ingestion d'un aliment ?

A l'ère de nos parents et grands-parents, l'aspect gustatif était suffisant car, dans la plupart des cas, les aliments étaient de meilleure qualité et sans substances controversées. Avec la montée en puissance de l'industrie agro-alimentaire et la frénésie de la société de consommation, la valeur nutritionnelle des aliments a connu une chute sans précèdent. Ainsi, si vous optez pour ce type de réflexion et faites preuve de curiosité, vous éliminerez sans doute certains aliments qui représentent un réel danger sur le long terme. En effet, les bienfaits ou les inconvénients de notre régime alimentaire ne se ressentent pas dans la minute mais bien sur plusieurs années.

Conseil n°2:

Lisez les étiquettes et faites preuve de curiosité par rapport aux substances controversées.

B. <u>L'exercice physique</u>

La pratique d'une activité sportive régulière s'avère l'un des alliés incontournables à la confiance en soi. Elle permet d'atteindre un bien-être au quotidien et de se sentir bien dans sa peau. Ses bienfaits sont multiples mais souvent méconnus. Voici une liste pour vous faire prendre conscience de son importance :

- Diminution de l'effet du vieillissement

- Augmentation de l'espérance de vie

- Libération d'endorphine, source de plaisir

- Perte de calorie

- Sentiment de fierté et d'activité

- Diminution du trouble du sommeil

- Diminution du risque de maladies graves

Bien entendu, on vous a répété ce type de discours mainte fois mais il est important de le rappeler. En revanche, si malgré cela, vous procrastinez sur votre canapé et la flemme vous dévore de l'intérieur, il est temps de vous secouer et de changer les choses.

Conseil n°1 :
Choisissez mentalement une activité qui vous plaît et ne dites pas « aucune » parce que le simple fait de marcher constitue un exercice. Si vous n'arrivez pas à trouver une activité qui vous passionne, cela signifie que vous ne l'avez pas encore trouvée. Rendez-vous à la mairie de votre ville pour demander la liste des associations sportives, puis tester chaque activité au moins une fois, si vous souhaitez découvrir l'activité qui vous anime. En attendant, aucun excuse possible, choisissez la marche.

Conseil n°2 :

Ne dites pas à votre cerveau que vous allez faire du sport si cela est assimilé à la douleur. Au lieu de ressentir ce sentiment de difficulté en pensant au sport, répétez-vous une autre phrase. Par exemple, « j'enfile mes baskets et je vais écouter de la musique en forêt ». De ce fait, vous allez concentrer votre mental sur le fait d'écouter de la musique

(que vous associez à du plaisir) plutôt que de faire du sport (qui est synonyme de difficulté).

Conseil n°3 :

 Ne commettez pas l'erreur de vouloir devenir un marathonien ou un body builder en une semaine. Peu importe la discipline que vous choisirez, entamer vos séances de manière très progressive.

Exemple : Si vous choisissez la course à pied, commencez par trois sorties très courte (10 minutes), puis cinq sorties courtes (20 minutes), ensuite, dix, intermédiaires (30minutes) pour finir avec des séances plus longues, si vous en ressentez le besoin. Cet exemple est donné à titre indicatif mais permet de comprendre la logique de progression lente à respecter. Comme le dit le dicton, « Rome ne s'est pas construite en un jour ».

Conseil n°4 :

Faites du sport pour vous ! Pas pour le regard des autres. J'ai souvent rencontré des personnes dans des salles de fitness, qui entament un abonnement sportif dans le seul but d'améliorer leur esthétique aux yeux des autres. Si vous partez dans cette optique, il y a de fortes chances pour que vous abandonniez assez rapidement. L'activité physique doit être assimilée à une pratique sur le long terme, qui va vous permettre de vivre mieux et plus longtemps. Vous devez savoir profondément POURQUOI vous êtes à cet endroit, entrain de courir, marcher, faire du vélo ou du tennis.

Conseil n°5 :

Fixez-vous un objectif principal et des sous objectifs.

Remplissez ce schéma et faites-en une copie que vous afficherez dans un endroit que vous fréquentez avant de pratiquer votre activité.

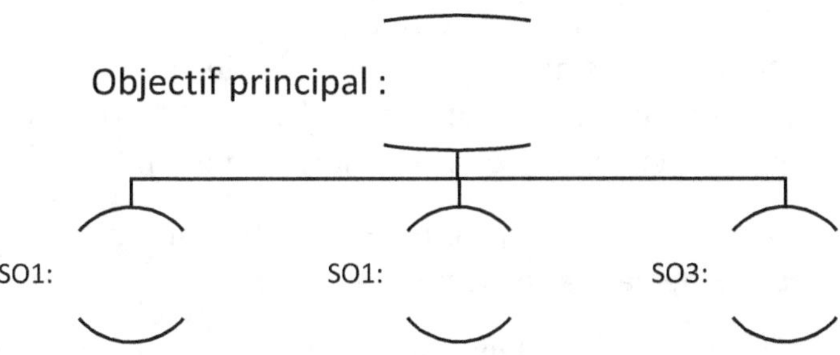

Dans la case « objectif principal », il faut se donner un but clair et surtout précis.

Exemple : Perdre cinq kilogrammes avant le 30 septembre 2020, marcher trois par semaines en forêt etc...

Dans les cases « SO » pour « sous-objectif », vous pouvez établir des buts plus généraux comme « me sentir mieux dans ma peau », « avoir plus confiance en soi », « me changer les idées » etc...

Conseil : Optez pour une attitude progressive et allez-y pas à pas, sans forcer et à votre rythme. Vous construirez des habitudes solides et durables.

C. __Le sommeil__

Le sommeil est un facteur incontestable de bien-être. Nous passons en moyenne 30% de notre temps à dormir. Sur une vie de 75 ans, nous dormons 25 ans en cumulé et il devient primordial de faire un point sur la qualité de ce dernier car, contrairement à ce que l'on pourrait croire, le sommeil ne se rattrape pas. Notre organisme dispose d'une horloge biologique interne qui nous permet de distinguer le jour et la nuit. Lorsque la nuit tombe, notre corps secrète de la mélatonine, substance qui nous indique qu'il est bientôt temps de dormir. Seul problème au 21ème siècle, de multiples accessoires viennent perturber notre sommeil.

Avant de passer à la pratique, attardons nous sur quelques principes de base à respecter :

Le lit sert à DORMIR. Lorsque vous vous installez dans votre lit, c'est uniquement pour la nuit. Privilégiez les siestes sur le canapé pour que votre cerveau comprenne bien l'utilité de votre matelas.

Respecter une heure de coucher et de réveil régulière. Créer un rythme régulier se révèle être une astuce incontournable. Fixez-vous un laps de temps pour vous coucher et vous réveiller. Déterminez, par exemple, qu'entre 22h30 et 23h, vous serez au lit, idem pour le réveil.

Partez à la découverte du nombre d'heures dont vous avez besoin pour optimiser votre sommeil. Pour cela, faites le test en vous couchant à une heure donnée, retenez l'heure exacte sans mettre de réveil. Lorsque vous ouvrez les yeux, regardez immédiatement l'heure et calculer le nombre d'heure exact dont vous avez besoin. En cas de doute, répéter l'exercice plusieurs fois.

Dans une société rythmée par les smartphones, les tablettes et les ordinateurs ; il devient de plus en plus difficile de les ignorer et de les éviter avant le coucher. Leur impact sur la qualité du sommeil est, cependant, dévastateur. En effet, lorsque nous envoyons de la lumière à notre cerveau en soirée, nous arrêtons de produire de la mélatonine et nous envoyons un signal d'éveil à ce dernier, ce qui perturbe profondément le rythme. Il suffit d'ancrer une nouvelle habitude en passant à l'action, tout simplement en instaurant une règle. Par exemple, à partir d'une certaine heure (20h idéalement), vous êtes en mode avion et vous isolez votre téléphone en le remplaçant par de la lecture, de l'écoute musicale ou du dessin. Si vous êtes perplexe, demandez-vous « Que faisais-je avant l'ère des smartphones ? ». Dernier point : évitez les téléviseurs dans votre chambre à coucher. Votre chambre n'est pas un salon.

L'écoute de son corps semble logique pour tous mais peu la pratique réellement. Lorsque vous êtes épuisés, ne vous forcez pas à regarder la fin d'un film ou à continuer l'activité en cours. Le corps humain nous envoie des signaux clairs, nous parle, écoutons-le. C'est une machine formidable que l'on se doit de respecter et chérir. Attention cependant aux abus de sommeil qui cachent souvent un problème plus profond, psychologique ou physique. Dans le cas de l'insomnie ou de l'hypersomnie récurrente, il est préférable de consulter un professionnel pour déceler l'origine du trouble du sommeil.

A présent, munissez-vous d'un stylo et remplissez le tableau suivant qui permettra de prendre du recul sur vos habitudes de sommeil.

Etat des lieux du sommeil

Mon lit me sert uniquement après 22h	OUI	-	NON
Mon rythme de sommeil est régulier	OUI	-	NON
Je connais exactement le nombre d'heures dont j'ai besoin	OUI	-	NON
Le soir, je n'utilise pas mon smartphone, ma tablette, mon ordinateur	OUI	-	NON
J'écoute mon corps lorsque je ressens de la fatigue	OUI	-	NON

Si vous cumulez trois non ou plus, il est primordial de revoir votre rythme, pour avoir un sommeil réparateur et salvateur sur le long terme.

D. Le mindset

Le terme « mindset » nous vient de la culture anglophone et se compose de deux mots principaux. Le premier est « mind » qui se traduit par « esprit » et le deuxième est « set » qui signifie « configurer ». Ce paragraphe représente un tournant du livre car il permettra à chacun de reprogrammer son cerveau de manière optimale. Jusqu'à présent, vous avez opté pour une certaine façon de penser et il est crucial de s'y pencher, via cet exercice pratique.

Selon Carole Dweck, professeur de psychologie social à l'Université de Standford, il existe deux typologies d'état d'esprit sur lesquelles nous nous attarderons :

<u>La personne à l'état d'esprit fixe</u>

A l'intérieur de cette catégorie, nous retrouvons les individus qui pensent que la nature leur a donné certaines facultés prédéfinies et qu'il est impossible d'en développer d'autres. Ils pensent également que les traits de caractère ainsi que l'intelligence sont fixes et aucune modification n'est possible. Ces personnes rejettent sans cesse la faute sur les autres lors d'un échec et recherchent un coupable lorsqu'elles en subissent un. De plus, elles ont l'impression d'être jugé à chaque fait et geste et sont en quête de reconnaissance auprès de leur environnement extérieur en voulant montrer le plus souvent possible qu'elles sont intelligentes et talentueuses. Quant à la critique, cette typologie d'individus juge en fonction de deux critères, les autres sont, soit bon, soit médiocre.

<u>La personne à l'état d'esprit de développement</u>

Selon elle, tout le monde peut devenir compétent et connaître la réussite, à condition de fournir un travail régulier, de qualité et intense. Les traits de caractère fixes et immuables ne font pas partie de ses prérogatives et chacun peut changer à tout moment pendant son existence. Son idéologie est axée sur la réussite, les objectifs et sur les autres. Elle ne ressent pas le besoin de démontrer son intelligence et opte pour une critique constructive qui va permettre de la faire évoluer et grandir. Enfin, pour elle, l'échec n'existe pas ; elle parle d'opportunités de s'améliorer et d'apprendre.

Entourez la réponse qui vous correspond.

Actuellement, je suis dans :

L'état d'esprit fixe	L'état d'esprit de développement

Vous êtes à présent censé connaître dans quel camp vous vous situez. Les études montrent que le fait d'avoir un état d'esprit axé sur le développement est favorable à l'épanouissement et au bonheur en général. Pour effectuer le déclic dans votre esprit et changer votre façon de penser, je vous présente les conseils à suivre dans ce changement.

Conseil n°1 : Soyez attentif à votre vocabulaire

Les mots utilisés au quotidien impactent considérablement l'esprit. Si à longueur de journée, vous utilisez des termes négatifs avec vous-même ou avec votre entourage, vous créez des autoroutes psychologiques négatives dans votre cerveau. Si l'on dit à un enfant qu'il est nul, laid ou incompétent qui deviendra-t-il selon vous ? Il deviendra ce qu'il a entendu. La situation se répète avec les adultes. Opter pour un vocabulaire sain et positif dans toutes situations est l'un des secrets du changement profond.

Pour cela, il est possible de s'exercer avec ce que j'appelle le « carême des mots ». Pendant sept jours complets, contrôlez vos expressions négatives. Lorsque l'une d'elle fait surface, dites à haute voix « supprimée ». Cela aura comme effet de chasser les paroles négatives et de créer une nouvelle habitude d'expression. Répétez l'exercice autant de jours nécessaires à développer un vocabulaire sain et productif.

Conseil n°2 : Soyez positifs à 100%

Il est possible de devenir positif à 100% mais cela se travaille en profondeur. Toute situation recèle une part de positif, même les plus critiques. Ainsi, une perte d'emploi vous amènera vers de nouveaux horizons, une maladie représentera un défi à relever, un décès vous rapprochera de certaines personnes.

Si l'on reprend l'expression du verre à moitié plein et à moitié vide, on constatera que le verre ne peut jamais être uniquement à moitié plein ou uniquement à moitié vide. L'un ne va pas sans l'autre. C'est identique pour toutes les situations que l'on rencontre. Nous décidons seuls, de la façon de voir les choses et sommes entièrement responsables de leur impact sur notre état d'esprit.

Si le verre est à moitié vide, il est également à moitié plein. A vous de choisir ce que vous souhaitez voir.

Conseil n°3 : Exploiter les échecs

Les échecs font peurs, tétanisent et nous empêchent d'avancer. Par contre, il convient de se poser une question « comment est-il possible de progresser sans commettre des erreurs et apprendre de ces dernières ? ». Le secret réside dans l'exploitation des échecs en faveur de votre développement personnel ou professionnel. Plus vous ferez d'erreurs et plus vous aurez la possibilité d'apprendre.

Le créateur de l'ampoule électrique, Thomas Edison, a recommencé 10 000 fois ses expériences pour trouver la bonne combinaison de matériaux ; Abraham Lincoln a connu huit défaites électorales et deux faillites d'entreprise avant de devenir président des Etats-Unis ; Walt Disney a été renvoyé de son poste de rédacteur sous prétexte qu'il n'avait pas assez d'imagination, les agents de Mariline Monroe lui conseillaient d'opter pour une carrière de secrétaire. Si toutes ces personnalités avaient abandonné, elles auraient connu le véritable échec mais elles n'ont pas capitulé et sont devenues des personnalités de renom dans l'humanité.

Vous l'aurez compris, la seule façon d'échouer, c'est d'abandonner. Toutes les autres situations, sont des façons de recommencer de manière plus intelligente.

Chapitre VI
Les nouvelles habitudes

Super mantra
Jour 7
(À répéter à haute voix et avec conviction)

« Mon corps est un temple sacré qui me permet d'expérimenter la vie sur Terre. Chaque partie de mon corps est parfaite peu importe mes actions et évènements passés. Je m'excuse auprès de chaque membre de mon corps pour l'avoir ponctuellement maltraité et pas écouté (malbouffe, abus d'alcool, substances nocives). Dorénavant, j'en prendrais soin chaque minute, chaque heure et chaque jour de ma vie car c'est lui qui me permet de jouir de cette expérience. »

Action pour couper le barreau

> ➤ JE FAIS ATTENTION A MON ALIMENTATION ET CE QUE JE METS DANS MON CORPS
> ➤ JE DEMARRE UNE ACTIVITE PHYSIQUE LENTEMENT MAIS SUREMENT
> ➤ J'ECOUTE MON CORPS ET SES BESOINS EN SOMMEIL
> ➤ J'OPTE POUR UN MINDSET QUI ME PERMETTE DE PROGRESSER CHAQUE JOUR

Elimination du cinquième barreau

Chapitre VII

Créer sa destinée

Votre libération est bientôt arrivée. Il reste encore un aspect essentiel à aborder. Celui de la destinée. Nous sommes tous maîtres de notre destin et nous avons la possibilité de décider qui l'on veut devenir vraiment. La plupart des personnes que je coache vivent au jour le jour, sans véritable destination et en se laissant transporter par la vie. Tout point de vue est respectable mais si vous voulez devenir une meilleure version de vous-même et vous développer sans cesse, il va falloir prendre des décisions et des directions qui vous sont propres. Je fais souvent allusion à l'exemple du taxi pour vulgariser mes propos. Vous arrivez dans une grande ville et vous décidez de prendre un taxi. Une fois avoir pris place, le chauffeur vous demande votre destinée exacte et vous répondez « je ne sais pas, emmenez-moi où vous souhaitez » Que se passerait-il ? Face à cette réponse, le chauffeur serait sans doute perturbé et ne saurait que faire. Cela peut se transposer dans votre vie. Si l'on avance sans avoir de but précis, quelle excitation éprouvons-nous ? Quel est le but d'une vie sans objectif et sans destinée claire ?

L'être humain fonctionne par objectifs, projets et destinée. Je vais vous parler de Carmen, une femme âgée de 85 ans, en bonne santé générale et qui en a assez de vivre. Carmen a connu une vie « classique ». Etant jeune, elle a eu comme projet de se marier, puis elle a eu deux formidables enfants qui ont rythmé son existence jusqu'à leur âge adulte. Entre l'éducation de ces derniers et le bien-être de son mari, elle a vécu une vie animée par des projets et des objectifs inconscients, comme le fait de voir ses enfants travailler, s'épanouir, trouver un mari ou une femme qui les rendent heureux, acheter une maison et enfin avoir des petits enfants. Une fois ces projets accomplis, Carmen atteint l'âge de la retraite puis perd son mari. Les enfants sont partis, les petits enfants ont grandi et mènent une vie paisible. Ses centres de plaisir étant disparus, Carmen ne voit plus l'importance et l'intérêt de continuer son chemin sur Terre. Plus les années passent et moins elle ressent le goût de la vie. Ce phénomène est généré par le manque de projet, de visibilité sur l'avenir et c'est ainsi que né le sentiment d'avoir tout accompli sur Terre et de vouloir la quitter. Pour éviter de faire face à cette situation dans votre avenir, il existe un moyen efficace qui permet de créer sans cesse ce que j'appelle « des excitations de vie » afin d'alimenter l'envie de vivre et d'exploiter au mieux chaque journée. Pour ce faire, il va falloir faire preuve d'imagination, de volonté et laisser libre cours à votre imagination. Peu importe votre âge. Ce qui va suivre va donner un véritable coup de fouet à votre vie et vous maintiendra en haleine jusqu'au dernier souffle avec une envie constante de réaliser ses rêves. Lorsque vous ferez face à des moments difficiles, vous trouverez la motivation dans l'exercice que vous allez pratiquer. Lorsque vous arriverez à l'âge de la retraite ce sera votre chemin de vie. Vous êtes prêts ?

A. <u>La liste de mes objectifs</u>

Il est temps d'ériger la liste des objectifs de votre vie. Je n'emploie volontairement pas le terme « rêve » qui renferme une connotation qui éloigne le chemin de l'action, du possible. Son étymologie proviendrait du latin classique « *vagus* », qui a donné naissance au mot « vague » et au verbe

« divaguer ». Dans nos cultures occidentales, avoir un rêve est perçu comme une situation qui a très peu de chance de réaliser, comme si nous mettions tous les espoirs entre les mains du destin ou du hasard. Je ne remets pas en question le phénomène de la chance mais je suis convaincu que le terme « objectif » a une connotation qui induit le passage à l'action. Remarquez la différence entre la phrase « mon rêve serait d'avoir une nouvelle voiture» et « mon objectif est d'avoir une nouvelle voiture». Que vous ayez 20,30, 50 ou 80 ans, que vous soyez originaire d'un continent ou d'un autre, que vous ayez un passé clément ou difficile, il vous suffit d'appliquer ce qui suit pour booster votre existence.

Positionnez-vous dans un endroit calme et faites cet exercice en prenant votre temps. Il existe, cependant, une règle à respecter pour l'effectuer. Vous n'avez aucune limite financière, vous êtes milliardaire. Ecrivez tout, absolument tout ce que vous souhaitez réaliser avant votre mort. D'un diner en face à face avec un acteur connu, à la participation à un film en tant qu'acteur principal en passant par la construction d'une école au Zimbabwe, tout est permis.

Prêt à donner un nouveau goût à votre vie ? C'est parti !

1.	25.
2.	26.
3.	27.
4.	28.
5.	29.
6.	30.
7.	31.
8.	32.
9.	33.
10.	34.

11.	35.
12.	36.
13.	37.
14.	38.
15.	39.
16.	40.
17.	41.
18.	42.
19.	43.
20.	44.
21.	45.
22.	46.
23.	47.

La liste n'a pas de limite, elle peut être composée d'autant d'objectifs que vous souhaitez. Soyez le plus précis possible pour chaque idée.

Exemple à éviter : Je veux devenir riche

Exemple à appliquer : Je veux gagner 10 000€ par mois

B. <u>Le livre d'or</u>

A présent, vous êtes face à une liste de mots qui vous ont permis de dépasser les limites de vos croyances et de votre esprit. Cet exercice vous a fait voyager, vibrer et donner un goût différent à votre avenir. Que faire maintenant de tous ces objectifs ? A présent, il faut passer à la vitesse supérieure qui permet de catégoriser la liste en quatre parties.

Munissez-vous de quatre surligneurs de couleur différente et organisez vos objectifs comme suit.

1. Pôle voyages

Surlignez tous les objectifs qui se réfèrent aux voyages.

Exemple : Faire un tour de la côte ouest des Etats-Unis.

2. Pôle personnel

A présent, passez en revue les aspects personnels.

Exemple : Avoir deux enfants, 10 appartements, atteindre 1 000 000 € de patrimoine.

3. Pôle professionnel

Attelez-vous à l'aspect professionnel avec une nouvelle couleur.

Exemple : créer une entreprise, devenir directeur de mon enseigne.

4. Pôle loisirs

Enfin, déterminez tous les objectifs liés au secteur du loisir.

Exemple : Faire du surf à Miami, du parachute à Dubaï.

Une fois le classement effectué, vous devez trouver la pièce maitresse qui vous permettra de rendre votre vie passionnante, encore plus que ce qu'elle est actuellement. J'ai décidé de créer ce concept que j'appelle le « livre d'or », qui, à l'origine est destiné à coller des photographies de baptême, de communion ou de mariage. Munissez-vous de ce type d'album photos. Si vous éprouvez des difficultés à en obtenir, optez pour un cahier classique ou un classeur avec pochettes transparentes. L'idée principale que vous devez retrouver et celle d'un album photos que vous remplirez au fur et à mesure des objectifs réalisés.

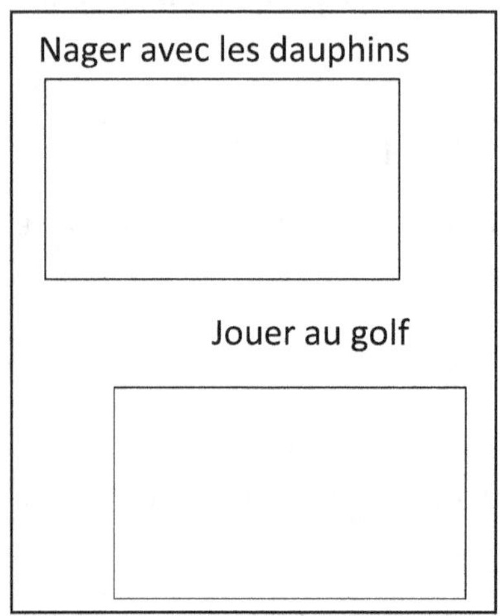

Répertoriez les quatre catégories en début de livre et, au-dessus de chaque rectangle, notez vos rêves. Si vous utilisez des feuilles blanches, il vous suffit de dessiner des rectangles au crayon de papier d'une taille photo standard (10X15cm).

L'objectif est d'immortaliser le moment où vous réaliserez votre objectif et d'apposer la photo dans la case concernée.

Ce concept hyper ludique que mon cerveau m'a permis de créer, s'apparente au livre d'images autocollantes que les enfants adorent.

Ce livre vient allumer une flamme passionnelle et un goût pour l'aventure exceptionnelle. Il devient une réelle obsession d'avancer dans le remplissage par les photos et c'est un moyen génial pour :

- quitter sa zone de confort

- donner plus de sens à sa vie

- dessiner un chemin clair

- quitter les états dépressifs et tristes

- développer le goût du challenge

- éviter l'effet « retraite » qui transporte parfois dans des marasmes profonds

- vivre une existence en adéquation avec ses envies profondes

- effacer le sentiment de lassitude

- partager ses passions en couple et ainsi limiter l'effet « lassitude »

La vie devient ainsi une véritable aventure et vous serez très rapidement pris au jeu en voulant le remplir le plus vite possible. Par son aspect ludique, il vous tiendra en haleine et, en supplément, il représente, pour votre entourage, une source quasi inépuisable pour trouver les cadeaux qui vous feraient plaisir. Vous voilà devant le livre de votre vie.

Vous pouvez également réaliser un livre d'or en commun avec votre partenaire et partager cette idée avec les personnes de votre entourage qui ont besoin de donner un sens et une excitation à leur existence.

Chapitre VII
Créer sa destinée

Super mantra
Jour 8

(À répéter à haute voix et avec conviction)

« Chaque jour de ma vie est une occasion pour profiter de mon existence à travers des projets et des objectifs que je me fixe. Tout au long de ma vie, et ce, jusqu'à mon dernier souffle, je décide de m'attacher à des excitations de vie que j'ai consciemment choisies en fonction de mon Être et de mes désirs profonds. »

Action pour couper le barreau 

- ➢ J'AIME MA VIE
- ➢ JE PEUX REALISER TOUT CE QUE JE VEUX
- ➢ JE VIE A TRAVERS MES EXCITATIONS DE VIE
- ➢ JE CROIS PROFONDEMENT EN MOI ET EN MON POTENTIEL

Elimination du sixième barreau

Chapitre VIII
Attirer le succès

Impossible d'entamer ce chapitre sans parler de l'une des lois qui régissent notre univers : il s'agit de la loi d'attraction. Depuis une quinzaine d'années et notamment depuis la sortie du film « le secret » de Ronda Byrne, le terme « loi d'attraction » est devenu un phénomène de mode. Selon certains auteurs présents sur la toile, il suffirait de penser très fort à quelque chose pour l'attirer et le recevoir selon le principe qui veut que l'on obtient ce que l'on veut à condition d'y croire fermement. Je vais aujourd'hui aller à l'encontre de cette croyance. En effet, j'ai rencontré des personnes qui, malgré leur ferme volonté d'atteindre un but spécifique, n'ont pas réussi à le réaliser, et ce, malgré une volonté féroce. Pour que la magie de cette loi opère, elle doit respecter plusieurs paramètres primordiaux, sans cela, le « bouton » ne s'activera pas.

La première étape à franchir pour atteindre le succès réside dans le fait de trouver ce qui vous fait VRAIMENT vibrer. La réponse doit venir de votre Être profond et non pas de votre Ego. Le fait de dire « je veux beaucoup d'argent », ne donnera naissance qu'à des déceptions. La vénalité n'est pas une passion. En guise d'exemple, parlons d'une personne, qu'on appellera Luc, qui adore immortaliser des moments via des photographies, les retoucher, les montrer à son entourage ; ces réactions relèvent d'une véritable PASSION, d'une VIBRATION en cohérence avec son Être profond. A la réponse « qu'est-ce qui vous ferez vibrer ? », il pourrait répondre, devenir photographe et exercer ce métier jusqu'à la fin de mes jours en voyageant à travers le monde et en photographiant les plus beaux paysages terrestres. Nous sommes en présence d'une vibration en parfaite cohésion avec son cœur, sa volonté, son Être. Dans le cas contraire, il est impossible de déclencher la loi. Vous vous dites certainement « Giuseppe je suis d'accord avec toi mais je n'ai pas de passion, je ne sais pas ce que je veux ! ». A cet argument, je répondrais que la passion se trouve déjà en vous. Elle n'a pas encore émergée, soit parce qu'il n'est pas encore temps, soit parce que vos peurs la suffoque. Pour vous aider à la trouver, fermez les yeux et pensez à une une situation ou une activité qui vous a réellement mis dans un état de bonheur, de bien-être profond, de joie intense. Une situation qui vous a donné envie de réitérer l'expérience, pendant laquelle votre cœur s'est emballé et vos émotions sont devenues incontrôlables.

Une fois cet élément trouvé, il faudra se poser la question de l'importance de réaliser cette mission. Si l'on reprend l'exemple ci-dessus, nous pourrions nous questionner sur l'importance pour cette personne de devenir photographe. Ce métier va-t-elle lui permettre de se lever chaque matin avec le sourire aux lèvres ? Ou encore, sera-t-il synonyme de liberté ? De voyages ? D'amour ?

Une fois répondue à ces questions, vient la phase de la visualisation. Notre cerveau et notre esprit détiennent un outil fantastique qu'est l'imagination. Napoléon Hill, l'un des pères fondateurs du développement personnel disait que « Tout ce que l'esprit peut concevoir et être amené à croire, il peut le réaliser ». Pour schématiser cette idée, j'ai l'habitude d'employer l'image du vidéoprojecteur. En effet, nous sommes tous dotés de ce système de création d'imaginaire et sommes nos propres réalisateurs de films. Nous décidons de projeter les images de notre choix en fonction de notre propre interprétation des choses. Plus l'image est précise, claire et colorée, plus grandes seront les chances d'attirer la situation imaginée. Pour attirer ce que l'on veut, il faut s'approprier la situation, la vivre et faire comme si nous y étions déjà. Prenons l'exemple de deux imaginations différentes liées au rêve de devenir photographe.

Visualisation 1

Visualisation 2

Les deux projections ont le même objectif mais sont profondément différentes. En effet, l'impact de la première image et de la deuxième sur notre inconscient ne sera pas du tout la même. C'est ici qu'intervient la notion de VAKOG. Cet outil largement utilisé en programmation neurolinguistique est une méthode très efficace pour ce type d'exercice.

Alors, il semble utile de se questionner sur « comment utiliser le VAKOG pour faciliter l'action de la loi d'attraction ? »

Voici un exemple d'application de cet outil, utilisée par notre future photographe :

Le V de Visualisation :

En fermant les yeux, Luc imagine à la perfection sa matinée en tant que photographe. Les images sont précises et de couleur vive. Il porte un jeans foncé, un polo fin rouge, des chaussures de randonnée marron. Il voit son appareil photo de couleur noir, son objectif et sa housse de protection rouge et bleue. Il est sur une montagne en plein été et positionne son œil au niveau de l'appareil photo pour immortaliser la course d'une biche dans les bois. Il appuie sur le bouton et observe le résultat sur son écran.

Le A de Auditif :

Pendant cette prise, Luc entend le bruit du vent, le chant des oiseaux, des arbres et des feuilles qui frémissent ainsi que le « clic » de son appareil photo.

K de Kinesthésique

Il ressent une joie profonde, il est calme et se sent libre. En voyant cette biche, il est en extase, son cœur commence à battre rapidement et se sent ému face à la beauté de la nature. A ce moment, il est épanoui d'exercer ce métier et sourit avec conviction. Il ressent de l'amour et de la sérénité. De plus, il sent sur l'extrémité de ses doigts, la fraîcheur de l'acier de l'appareil photo qui n'a pas encore eu le temps de chauffer au soleil.

O de Olfactif :

Au niveau de l'odeur, Luc sent l'odeur subtile émanant des fleurs à peine écloses. Son nez perçoit également l'odeur du parfum qu'il a appliqué sur son polo le matin même.

G de Gustatif :

Lors de ce moment, Luc sent encore l'arrière-goût amer de la banane qu'il a ingurgité au petit-déjeuner quelques heures auparavant.

Ce système multi-sensoriel va permettre au cerveau d'assimiler les sensations de la situation dans l'état réel mais de le pousser également à créer cette situation. On parle ainsi de la technique du « faire comme si » pour schématiser la situation souhaitée.

La phase suivante pour activer la loi d'attraction est extrêmement simple. Elle consiste à exprimer toute sa gratitude pour ce que l'on a aujourd'hui.

Certains lecteurs vont immédiatement se dire « mais moi je n'ai rien de positif dans ma vie, pourquoi devrais-je exprimer de la gratitude ? ». Dans les faits, tout n'est qu'une question de perception. Il est important de réaliser la chance que nous avons d'avoir un toit sur la tête, de pouvoir vivre dans un pays civilisé, avec de l'eau potable, pouvoir appuyer sur un bouton et avoir de la lumière, se reposer sur un matelas confortable et y passer la nuit. Toutes ces choses sont devenues des habitudes dans le quotidien de l'occidental et il lui est difficile de se rendre compte de cette chance inouïe que nous offre la vie. Et si on vous enlevait votre confort ? Votre nourriture ? Vos commodités ? Vous feriez tout pour les retrouver et les regretteriez amèrement. C'est la nature de l'être humain qui, se bat pour avoir certaines choses, s'y habitue puis se lasse et ne voit plus la chance de son confort. De ce fait, il convient de remercier l'univers pour toutes ces belles choses qu'il nous a offert et qu'il continue à nous offrir. La gratitude s'exprime particulièrement le matin ou le soir avant le coucher, dans un endroit calme en répétant des phrases comme « J'exprime toute ma gratitude pour avoir passé une nuit douce, agréable, sous un toit, à l'abri des intempéries. Merci pour cette belle journée qui commence. Qu'elle soit placée sous le signe de la santé, de l'amour et de la paix intérieure ». Bien entendu, cette phrase doit être personnalisée en fonction de ce que vous dicte votre cœur. Répétée une fois par jour, elle aura comme bénéfice de vous faire sentir mieux et reconnaissant pour ce que vous avez déjà.

Une fois la graine du photographe plantée, Luc va pouvoir laisser œuvrer la loi d'attraction et l'univers. La magie opérera, à condition de respecter une chose spécifique, qui n'est pas des moindres. Garder son terrain fertile. J'entends par là de placer son quotidien sous le signe du bien, de l'amour, de la paix via des émotions positives. Si vos actions et pensées tournent autour du mal, de la frustration, de la jalousie, de la peur et de toutes émotions négatives, le terrain ne sera pas fertile et la graine aura très peu de probabilité de voir le jour. En fonction des sentiments, des pensées, de l'alimentation et de notre rythme de vie, nous plaçons notre esprit sur des fréquences dites « hautes » ou « basses ». Si vous êtes sans cesse dans la colère, la rage, l'envie, votre esprit aura un taux vibratoire bas. A contrario, lors d'émotions liées au positivisme, vous vibrerez avec un taux de vibratoire élevé ce qui arrosera votre terrain.

En guise de conclusion, plus vous développerez des actions et des pensées positives ainsi qu'un soin de votre corps, plus vous aurez de chance de voir pousser cette graine et voir votre vœu s'exhausser. Vous êtes à présent en possession de l'outil véritable pour déclencher la magie de la loi d'attraction. Sans l'application de tous ces ingrédients et le suivi de cette recette, il n'est pas possible de réaliser le gâteau que l'on souhaite. N'oubliez pas une chose, si vous faites votre gâteau avec amour, cela se sentira et il aura meilleur goût que si vous l'aviez fait de manière forcée et sans conviction.

Chapitre VIII
Attirer le succès

SUPER MANTRA
Jour 9

(À répéter à haute voix et avec conviction)

« A partir de maintenant, je me concentre sur ce que je veux et non sur ce que je ne veux pas. Dorénavant, j'opterai pour des pensées positives qui me permettront d'obtenir ce que je veux. Je sais profondément que tout ce que je demande, je l'obtiendrai. Je fais preuve de patience et de persévérance chaque jour qui passe en exprimant toute ma gratitude pour la vie que je mène. »

Actions pour couper le barreau

- ➢ Je fais preuve de gratitude chaque jour
- ➢ J'attire ce que je veux
- ➢ Le temps m'apportera ce que je mérite
- ➢ Je fais preuve de patience
- ➢ Je pense tous les jours à mes objectifs
- ➢ J'ai la conviction profonde que la loi d'attraction fonctionne
- ➢ Je persévère jusqu'à obtention de ce que je veux

Elimination du septième barreau

Chapitre IX

La richesse

Nous sommes tous déjà riches mais nous n'en avons pas réellement conscience. La principale préoccupation de l'humanité est la recherche de la richesse dans l'argent et beaucoup de gens se battent pendant des années, sacrifient tout pour gravir cette montagne en espérant qu'il puisse accéder au Saint Graal et être heureux. Malheureusement, une fois « la richesse financière » atteinte, l'individu se rend compte que l'argent contribue, certes, au bonheur, mais pas à l'épanouissement total.

> *« La véritable richesse se trouve devant nos yeux, sauf que nous ne la voyons pas. »*
>
> *Giuseppe Conti*

A. <u>Richesse financière</u>

L'argent doit être un outil et non une finalité. Il doit servir à atteindre la liberté et la pleine jouissance de la vie et non pas devenir son esclave. La notion de richesse est subjective et chaque personne à son idée précise de ce qu'elle représente. Il existe un piège à éviter que j'appelle « l'auto-carotte infinie » qui consiste à vouloir toujours plus de manière indéfinie et de se lever tous les jours pour être plus riche en travaillant comme un esclave. Ce qui est problématique n'est pas le fait de vouloir plus d'argent mais de passer à côté de sa vie en occultant les vraies richesses du quotidien et finir par vivre dans la frustration d'un futur incertain.

Ce tableau a comme vocation de vous éclairer sur les réflexes à avoir pour modifier sa façon de voir les choses et ainsi atteindre une meilleure position financière.

Vous êtes	STOP	ATTENTION	A FAIRE	Résultat
Salarié Etudiant Chômeur Retraité	Acheter du passif Jeter l'argent par les fenêtres Acheter sans réfléchir	Piège du crédit Aux achats impulsifs (question : « Ai-je vraiment besoin de cela ? »)	Epargner 10 % de vos revenus Business (e-commerce, entreprise, immobilier)	Hausse de l'épargne Revenus locatifs Revenus boursiers
Entrepreneur individuel	Tête dans le guidon Ne pas vouloir déléguer	Esclave de votre entreprise jusqu'à la fin de votre vie	Travailler dur pour augmenter les bénéfices et investir	Revenus locatifs Entreprise autonome
Bourse - Business Automatisé		Investissement trop risqué	Investir (actions, immobilier, e-commerce)	Gain financier même en votre absence

B. <u>Richesse familiale</u>

Il existe très peu de cas où la famille n'existe pas. Le mot famille, n'est pas uniquement en lien avec les liens du sang mais également affectif. Un enfant issu d'une adoption utilisera le terme « famille » pour désigner ses parents adoptifs. Les liens familiaux renforcent et unissent. Ils sont la pierre angulaire de notre existence et les fondations des premières années de notre vie. Ils ont une importance capitale dans l'épanouissement et la solidité mentale. Il est important de prendre conscience de la chance d'avoir une famille et de l'accepter telle qu'elle est. Bien entendu, dans certains cas, il n'est pas possible d'être en accord avec chaque membre mais il est primordial de maintenir un lien familial. Quoi qu'il arrive, n'oublions pas les efforts et l'énergie déployée par notre famille pendant une vingtaine d'années pour nous permettre de manger à notre faim, d'être heureux et de faire en sorte de nous offrir un bel avenir.

La famille est unique et inchangeable.

C. <u>Richesse du corps</u>

La gratitude envers notre corps doit s'exprimer tous les matins au réveil et le soir au coucher. Nous sommes riches de notre corps. Nous avons la chance d'avoir cet outil extraordinaire. Protégeons-le de toutes substances nocives et dangereuses qui pourraient le mettre en péril ou le dérégler. (Voir paragraphe sur le l'alimentation, le sommeil et l'activité physique)

Notre corps se suffit à lui-même, il est intelligent et vous n'avez pas besoin de vous concentrer pour qu'il fonctionne.

Ainsi, notre système nerveux autonome est en charge de faire fonctionner l'estomac, les intestins, le foie, les reins, la vessie, les organes génitaux, les poumons, le cœur mais également les trois typologies de glandes (sudoripares, salivaires, digestives). Il régule la tension artérielle, la température du corps, la réponse sexuelle, la digestion, le rythme cardiaque et contribue à la production de la salive, des larmes et de la sueur ; tout cela de manière complètement indépendante. Ce n'est pas extraordinaire tout cela ? Imaginez pendant un instant devoir vous concentrer pour faire battre votre corps, gonfler vos poumons ou encore digérer vos aliments, vous mèneriez une vie infernale. Nous sommes tous riches de ce système mais il est devenu tellement banal que peu d'individus en prennent conscience de manière régulière. De ce fait, il convient de remercier chaque jour qui passe ce fabuleux outil dont nous avons hérité.

L'autre richesse du corps concerne notre intérieur. Nous avons cette chance extraordinaire de pouvoir ressentir des choses, d'aimer, de penser tout simplement. Vous pouvez créer, avec votre seul mental, tout un scénario qui vous permet de ressentir le bien-être. En fermant les yeux, par exemple, et en vous positionnant dans un endroit calme, votre mental peut vous amener à l'autre bout de la planète chez un péruvien et manger du ceviche ou encore au pôle nord pour faire du chien de traineau. Nous pouvons littéralement ressentir les émotions de ces moments et exploiter nos sens pour les vivre.

Au cours d'un chapitre précèdent, nous avons employé la méthode du VAKOG pour se projeter et obtenir ce que l'on souhaite via la loi d'attraction. Cette technique des canaux sensoriels est également utilisable pour ancrer les bons moments de votre vie afin de les graver dans votre mémoire et les ressortir quand bon vous semble. Malheureusement, lorsque nous passons de bons moments (par exemple, en famille), nous ne profitons pas toujours à 100% de la situation et sommes souvent aspirés par d'autres pensées. L'objectif de la méthode VAKOG réside dans l'enregistrement du moment présent grâce à vos cinq sens.

Ainsi, si vous êtes dans un restaurant au bord de plage, efforcez-vous d'amener chacun de vos sens dans le présent afin de ressentir une jouissance extrême :

Visuel (enregistrer visuellement, comme un caméscope, chaque détail de ce qui nous entoure)

Vous êtes assis dans cet endroit magnifique, face à une personne que vous aimez. A votre gauche se situe ce petit restaurant à la façade bleu, composé d'une terrasse où sont présents quelques touristes venus profiter du paysage. A votre droite se trouve la plage, couverte par des vagues lentes ainsi que deux couples se promenant accompagnés par leur chien.

Auditif (desceller et enregistrer les bruits que nous entendons : la mer, une mouette, le bruit d'un bateau)

Vos oreilles sont traversées par cette douce mélodie de fond émanant de la cuisine du restaurant. Vous entendez également le bruit des vagues qui déferlent sur le sable ainsi que les paroles du serveur notant les commandes de clients présents autour de vous.

Kinesthésique (enregistrer les émotions et ressentis du moment : l'amour)

Vous souriez de l'intérieur. Vous ressentez de la joie et du bonheur profond. Vous enregistrez ces moments de plénitude et jouissez du moment présent.

Olfactif (sentir et emmagasiner les odeurs : les plats, la mer, le parfum de son partenaire)

L'odeur caractéristique de la mer s'immisce dans votre nez ainsi que l'odeur caractéristique des plats à peine servis sur la table avoisinante. Vous sentez également le doux parfum de la personne assise en face de vous.

Gustatif (graver dans sa mémoire le goût des aliments dégustées en se concentrant sur ses papilles)

Votre plat tant attendu arrive en face de vous et la première bouchée est une réelle apothéose. Toutes ses saveurs se mélangent à la perfection dans votre bouche et vous mastiquez lentement et de manière vive ces aliments. Vous amplifiez le goût et mâchez fermement pour distinguer chaque ingrédient qui le compose.

En employant la méthode VAKOG, vous passerez en mode « enregistrement » ce qui vous permettra de jouir du moment présent à 100% et de vous remémorer cet instant dans l'avenir avec plus de facilité.

D. <u>Richesse sociale</u>

Contrairement aux composants d'une famille que nous ne choisissons pas, il nous est possible de sélectionner notre environnement social. Nous avons cette merveilleuse chance de pouvoir choisir nos amis et nos fréquentations en fonction des affinités et des envies de chacun.

Attaquons à présent le sujet de ce que j'appelle « les parasites ». Que signifie ce terme ?

Il désigne une relation toxique, d'ordre familial, amical, professionnel ou sentimental qui devient un véritable obstacle à notre épanouissement. Pour les reconnaître, il suffit de se poser les questions suivantes :

-   Cette personne est-elle réellement heureuse pour moi lorsque je lui annonce une bonne nouvelle ?
-   Me soutient-elle ?
-   Me pousse-t-elle vers l'avant ou tente-t-elle sans cesse de me tirer vers le bas ?
-   Représente-t-elle une source d'énergie positive ou négative ?
-   Ai-je encore envie de la contacter ou de lui parler ? Est-ce que j'agis par habitude ?
-   Suis-je autant à l'aise quand je suis en contact avec elle ?

Lorsque vous répondez par un « oui » à plusieurs de ces questions concernant une personne de votre entourage, il convient de mener une réflexion sur son aspect toxique sur votre vie en se posant l'ultime question, « est-ce je ressens l'envie de garder cette personne dans ma vie ? ». Vous êtes le seul responsable de votre choix. Personne ne détient la réponse sur ce que vous devez faire face à une personne parasite.

Pour vous aider à reconnaître le profil du parasite, j'ai établi des personnalités qui vous aideront certainement à les identifier :

- Le détracteur : très souvent pessimiste, il râle régulièrement et s'inquiète de tout. A force de le côtoyer, il nous épuisera à petit feu, nous rendant ainsi triste, désespéré voir déprimé sans nous en rendre compte.
- L'envieux : Véritable insatisfait, l'envieux rêve toujours d'avoir ce que les autres détiennent. Selon lui, rien n'est suffisant, il veut toujours plus et les autres font mieux que lui. De par sa nature perfectionniste, il voit souvent le verre à moitié vide, dû à sa perpétuelle insatisfaction.
- L'égocentrique : tout tourne autour de lui et ne s'intéresse pas vraiment aux autres. En quête constante de confiance en lui, il utilise inconsciemment son entourage, à la recherche de compliments et de phrases qui nourriront son égo.
- L'adulte-enfant : ce type de parasite cherchera à tous les coups de tourner la situation en son avantage en inculquant un sentiment de culpabilité chez l'autre. Véritable capricieux, il décharge sa frustration sur la personne qu'il a en face.
- L'éclopé : cette victime ambulante n'a pas réellement de centre d'intérêt. De nature pessimiste, elle trouve toutes les épreuves difficiles à surmonter. A force de côtoyer l'éclopé, elle finira par aspirer ses proches dans son gouffre négatif comme dans des sables mouvants. Au départ, vous l'écouterez et vous lui apporterez des conseils pour l'aider, mais soyez vigilant à ne pas vous laisser aspirer. Profil à fuir de toute urgence.
- Le marionnettiste : ce profil est certainement le plus dangereux. Il apprend à vous connaître et sait

exactement ce que vous aimez ou pas. Il agit de manière consciente en tant que parfait manipulateur et tentera de vous soutirer ce dont il a besoin. Le pervers narcissique fait partie de ce profil et emmènera sa proie dans le piège qu'il aura construit au millimètre pour vous étouffer.

- L'expert : Véritable moralisateur, l'expert apporte son grain de sel à chaque situation. Il sait toujours tout et mieux que vous. Il analyse et juge en pesant le pour et le contre de chaque évènement. A force de le côtoyer, il arrivera à installer un doute et provoquera ainsi un état d'interrogation constante. Néfaste pour la confiance en soi.

- Le narquois : ce parasite adore se moquer des autres. Il aime se renseigner, déformer les situations et véhiculer des ragots et des potins. Il trouve un malin plaisir au malheur des autres. Ce profil entraine épuisement et interrogation inutile.

Voici quelques conseils de coach:

Conseil n° 1 :

Mettre en place des limites en transmettant un message clair et respectueux vis-à-vis de la personne concernée. Expliquer avec des mots simples la raison pour laquelle vous ne voulez plus la côtoyer.

Conseil n°2 :

Si cet individu pèse trop dans votre esprit, soyez courageux et passez à l'action. Vous allez sentir un allègement spirituel qui vous fera énormément de bien. On parle également de la fameuse expression « enlever une épine du pied ».

Pour conclure ce chapitre sur la richesse, je vous invite à observer le graphique ci-dessous qui permet de réaliser que la richesse n'est pas uniquement d'ordre financière mais également humaine. Rééquilibrez les pôles et dites-vous que l'argent constitue seulement une partie de notre réelle richesse.

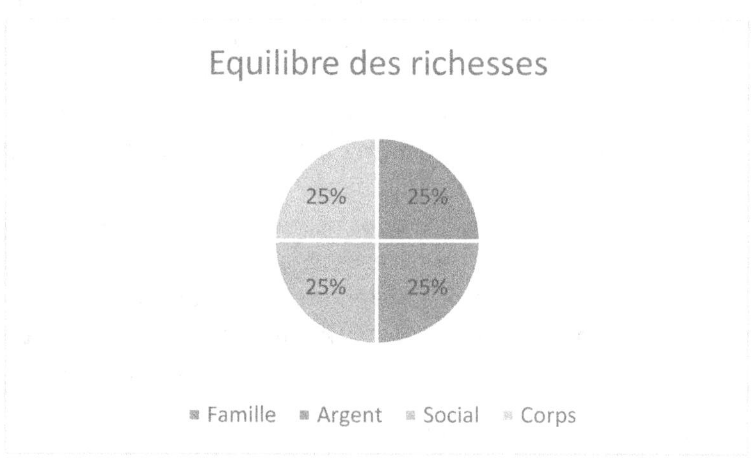

Conseil n° 2 :

Vivez le maximum de vos moments dans le présent, en vous concentrant sur ce que vous êtes en train de vivre, ressentir, sentir car c'est le seul moment où l'on peut être heureux. En effet, lorsque l'on vit dans le passé, nous sommes souvent amenés à souffrir car il n'existe plus et si l'on vit dans le futur constamment, arrivera la frustration car dans l'avenir, tout est incertain.

Chapitre IX
La richesse

SUPER MANTRA

Jour 10

(À répéter à haute voix et avec conviction)

« Chaque jour représente une richesse. En ouvrant les yeux et en les fermant le soir, je détiens la richesse de la vie. Je suis pleinement conscient qu'elle m'amène tous types de richesse, qu'elle soit d'ordre financière, familiale, corporelle ou sentimentale. Je suis né riche, je mène une vie riche je continuerai à l'être jusqu'à mon dernier jour sur Terre. »

Action pour couper le barreau

- ➢ LA VIE EST MA RICHESSE
- ➢ CHAQUE JOUR QUI PASSE, JE ME SENS DE PLUS EN PLUS RICHE

Elimination du huitième barreau

Chapitre X
Le nouveau lion

Cette dernière étape a comme vocation de vous comparer au lion que vous étiez en début de livre. Au cours de cette lecture, nous avons abordé différents sujets tels que la connaissance de soi, l'élévation de son estime, la gestion des émotions, le processus de la zone de confort. Nous avons également réalisé une escale sur les nouvelles habitudes à adopter pour avoir une vie saine et pour terminer nous avons abordé les thèmes de la destinée et de la richesse. A présent, il est temps de passer à l'étape de la comparaison entre le lion en cage et le nouveau lion qui s'apprête à rejoindre la liberté qu'il mérite pour dévorer la vie à pleines dents. Cette étape est cruciale afin de vérifier l'intégration des outils déployés dans ce livre.

Si vous ressentez le besoin de recommencer la lecture de cet ouvrage, arrêtez-vous et reprenez depuis le début autant de fois qu'il le faudra. La répétition est la mère de l'apprentissage. Au contraire, si vous vous sentez prêt à vous comparer et vous ressentez un réel changement en vous, passez à l'étape suivante.

Selon moi, à la fin de ce livre, je me sens :

Dynamique ou nonchalant

Sympathique ou antipathique

Enthousiaste ou indifférent

Impulsif ou réfléchi

Organisé ou désorganisé

Heureux ou malheureux

Travailleur ou fainéant

Mal dans ma peau ou bien dans ma peau

Calme ou stressé

Positif ou négatif

Egoïste ou altruiste

Avare ou généreux

Ouvert d'esprit ou fermé d'esprit

Patient ou impatient

D'humeur stable ou lunatique

Heureux pour les autres ou envieux des autres

Selon mon entourage, suite à la lecture de cet ouvrage, je suis :

Dynamique ou nonchalant

Sympathique ou antipathique

Enthousiaste ou indifférent

Impulsif ou réfléchi

Organisé ou désorganisé

Heureux ou malheureux

Travailleur ou fainéant

Mal dans ma peau ou bien dans ma peau

Calme ou stressé

Positif ou négatif

Egoïste ou altruiste

Avare ou généreux

Ouvert d'esprit ou fermé d'esprit

Patient ou impatient

D'humeur stable ou lunatique

Heureux pour les autres ou envieux des autres

<u>Mon état des lieux général</u>

A la fin de cette lecture, je sens un changement en moi :
Oui   -   Non

A présent, je me connais mieux et je suis conscient de mes capacités :
Oui   -   Non

Mon estime de moi a évoluée positivement :
Oui   -   Non

Je suis le pilote de mes émotions :
Oui   -   Non

Ma zone de confort n'est plus infranchissable :
Oui   -   Non

J'ai créé ma destinée :
Oui   -   Non

Je sais comment attirer le succès :
Oui   -   Non

Je suis déjà riche :
Oui   -   Non

Mes principales forces sont :

-

-

-

-

-

Mes principales faiblesses sont :

-

-

-

-

-

En résumé, aujourd'hui, je suis formidable car :

(efforcez-vous de terminer le paragraphe)

....

....

....

....

....

Chapitre X
Le nouveau lion

SUPER MANTRA

Jour 11

(À répéter à haute voix et avec conviction)
« Merci à notre Créateur de nous donner la chance d'expérimenter la beauté de la vie ici-bas. Que tous les êtres humains se rendent compte de la perfection de notre planète mais également de notre esprit, notre âme, notre cœur et notre corps.

Que chaque humain puisse connaître l'éveil qui lui permettra de découvrir sa mission de vie afin d'apporter sa pierre à l'édifice dans le but d'améliorer la race humaine afin qu'elle puisse évoluer dans l'amour, la paix et la sérénité. »

VOUS ETES LIBRE !

À présent, vous êtes libéré de tout barreau qui entravait votre développement. Attention cependant à vous préparer à votre nouvel environnement. À votre tour de libérer d'autres lions avec ce que vous avez appris. Le but de l'humanité devrait être axé sur l'entraide, l'amour et la paix pour voir fleurir un monde meilleur. Chaque membre de cette planète devrait penser à l'amélioration de l'humanité en partageant ses valeurs au quotidien. Dorénavant, vous aurez le choix de partager ce que vous aurez appris dans ce livre afin d'aider votre prochain et faire le bien auprès de votre entourage ou de le garder en vous en optant pour une attitude égoïste. Je vous souhaite un excellent voyage sur le chemin de la vie.

Chapitre 11

Mes dix commandements

La fin de notre chemin commun montre le bout de son nez. Vous êtes à présent libéré des barreaux psychologiques qui limitaient votre clairvoyance et votre courage à agir. Depuis votre arrivée sur Terre, l'environnement a joué un rôle important dans l'installation de croyances et de logiciels dans votre cerveau. En tant que coach spécialiste du développement personnel, il ne me reste plus qu'à émettre mes préconisations et mes recommandations pour votre nouvelle vie, VOTRE vie, dans ce nouvel environnement naturel, que vous aurez choisi. Voici la liste de mes dix commandements :

1. Vivez et profitez du moment présent

Trois catégories de personnes existent sur Terre :

- Celles qui vivent la majorité de leur temps dans le passé. Ces individus éprouvent des difficultés à avancer et continuent à ressasser des éléments antérieurs dans leur vie. Mener une vie de la sorte mène à de la frustration, voire, dans certains cas, à de la culpabilité. Avons-nous un levier d'action pour modifier le passé ? Si la réponse est non, à quoi bon s'entêter sur un aspect de votre vie immuable ?

- Les personnes qui vivent essentiellement dans le futur, qui elles, se basent sur des éléments incertains. En optant pour cette philosophie, toute leur vie tourne autour de facteurs qui ne verront peut-être jamais le jour et induira certainement à une frustration.

- Les individus qui profitent de l'instant présent. Vivre au présent signifie profiter du moment précis sans se soucier du futur, ni du passé. Pour en profiter au maximum, il convient d'utiliser le plus fréquemment possible, l'outil « VAKOG » que nous avons exploré dans les chapitres précédents. Bien entendu, à notre niveau, la pensée du passé et de l'avenir se révèle dans certains cas bénéfiques mais elle ne doit en aucun cas engendrer des émotions négatives. De ce fait, il convient de souligner la différence entre planifier et s'inquiéter pour son avenir.

2.   Exprimez toute votre gratitude au quotidien

Sans gratitude, vous serez aux emprises avec le stress, la nervosité et la frustration constante. Etre reconnaissant favorise le bien-être mental et aide à réaliser la chance que nous avons d'avoir les choses et personnes qui nous entourent.

3. Soyez vous-même et soyez toujours en adéquation avec votre Être profond

L'alignement cœur, corps, âme et esprit est primordiale pour trouver un épanouissement profond. De ce fait, il faut être vigilant sur la cohérence entre nos pensées, nos besoins, envies et actions.

4.   Soyez le pilote de votre intérieur

La clé pour piloter votre intérieur réside dans la prise de conscience. Plus vous serez conscient lors de vos agissements et plus vous arriverez à piloter votre esprit.

5.   Aimez-vous et aimez les autres

Donner de l'amour procure un bien indescriptible. Que ce soit l'amour envers soi-même ou envers son prochain, dans les deux cas, il permet de se sentir intensément heureux et épanoui.

6.   Croyez en vous et en la vie

La vie n'est pas dure. Si vous pensez ainsi, c'est certainement dû à l'accumulation d'expériences négatives qui ont généré des schémas psychologiques ancrés dans votre esprit ou encore au phénomène de répétition de phrases entendus lors de votre passé par vos parents ou entourage en général. La vie est magique, il suffit de le voir.

7.   Demandez et vous recevrez

Rien n'est plus véridique que ce commandement. Lorsque l'on veut quelque chose avec une conviction profonde, rien ni personne ne peut vous arrêter. Si vous ne recevez pas ce que vous avez demandé, c'est certainement causé par une motivation trop légère et une passion qui ne provient pas du cœur.

8. Osez passer à l'action

Il vaut mieux agir, échouer, apprendre et recommencer ; plutôt que de réfléchir pendant des semaines, voire des années avant d'agir. Comme le rappel le proverbe chinois, *« Un imbécile qui marche ira toujours plus loin que deux intellectuels assis »*.

9. Prenez sans cesse soin de votre corps et de votre esprit

Le corps est le temple de notre esprit. Plus vous en prendrez soin (physiquement et spirituellement) et plus il vous en sera reconnaissant.

10. Vivez dans l'optique de vous développer chaque jour

Chaque jour est une nouvelle opportunité de grandir, de se développer et de devenir une meilleure version de nous-même. Levez-vous dans l'optique que vous apprendrez énormément de cette belle journée.

<u>Bonus</u> : Faites des dons (aider l'humanité)

Le don présente la spécificité de procurer un bien-être intense. Peu importe le type de don (de la pièce donnée à un sans-abri à la mission humanitaire), l'important c'est de partager avec l'humanité. Dieu vous le rendra.

MES DIX COMMANDEMENTS

1. JE VIS ET JE PROFITE DU MOMENT PRESENT

2. J'EXPRIME AU QUOTIDIEN MA GRATITUDE

3. JE SUIS EN ADEQUATION AVEC MOI-MEME

4. JE PILOTE MON INTERIEUR

5. JE M'AIME ET J'AIME LES AUTRES

6. JE CROIS EN MOI ET EN LA VIE

7. JE DEMANDE ET JE RECOIS

8. JE N'AI PAS PEUR DE PASSER A L'ACTION

9. JE PRENDS SOIN DE MON CORPS ET DE MON ESPRIT

10. JE M'AMELIORE CHAQUE JOUR

Bonus : J'AIME ET J'AIDE L'HUMANITE

Un mot sur l'auteur

Depuis 2011, Giuseppe Conti est formateur et conférencier spécialisé dans le développement personnel et professionnel. Durant ces années d'expériences, il a su amené plusieurs centaines d'étudiants, mères au foyer, employés et chef d'entreprise vers la réussite en modifiant leur façon de penser et leur état d'esprit. Tout cela, via des conseils pertinents, son énergie et sa détermination hors du commun à atteindre les objectifs.

Giuseppe se présente comme un personnage autodidacte, curieux et dynamique au quotidien, toujours à la recherche du perfectionnement de son cerveau afin de pouvoir transmettre ses savoirs au plus grand nombre. Son but premier est d'aider le maximum de personnes à se réaliser, à trouver une solution à chaque problème ainsi qu'à apporter tout l'amour et la valorisation que chaque humain mérite. Son rêve le plus profond serait de partir en mission humanitaire, notamment dans le cadre de la construction d'écoles dans les PMA (Pays les Moins Avancés), d'où son partenariat avec l'association « Delfina » qui intervient au Sénégal et à Madagascar.

Giuseppe Conti propose, tout au long de l'année, des conférences autour de plusieurs thématiques comme la confiance en soi, la gestion des émotions, la loi d'attraction, la gestion du stress, la positive attitude et vaincre ses peurs.

Il propose également un séminaire complet qu'il a nommé « Devenez votre plus grand succès » qui a comme objectif de transformer la vie des participants en les rendant plus conscients et performants au jour le jour.

Enfin, vous trouverez tous les détails de ses formations et de ses prestations en ligne sur son site internet *www.giuseppeconti.fr* ou sur les réseaux sociaux :

- Facebook : Giuseppe Conti

- Instagram : giuseppeconti5

- Youtube : Giuseppe Conti

- Pour contribuer aux actions humanitaires en Afrique Association Delfina : www.associationdelfina.fr

www.ingramcontent.com/pod-product-compliance
Lightning Source LLC
Chambersburg PA
CBHW071949150726
47999CB00001B/366